CONGRÈS INTERNATIONAL

D'ANTHROPOLOGIE & D'ARCHÉOLOGIE PRÉHISTORIQUES.

SEPTIÈME SESSION, TENUE A STOCKHOLM.

CONGRÈS

INTERNATIONAL

D'ANTHROPOLOGIE ET D'ARCHÉOLOGIE

PRÉHISTORIQUES.

———

COMPTE-RENDU

DE LA

SEPTIÈME SESSION, TENUE A STOCKHOLM,

Par J. DE BAYE.

CHALONS

IMPRIMERIE T. MARTIN, PLACE DU MARCHÉ-AU-BLÉ, 50.

—

1875.

CONGRÈS

INTERNATIONAL

D'ANTHROPOLOGIE ET D'ARCHÉOLOGIE

SEPTIÉME SESSION, TENUE A STOCKHOLM.

PREMIÈRE SÉANCE.

Le vendredi 7 août 1874, le Congrès international d'Anthropologie et d'Archéologie préhistoriques a tenu sa septième session à Stockholm. Déjà les journaux ont publié des comptes-rendus fort incomplets et souvent très-fantaisistes des séances. Ils ont aussi introduit dans la réunion des personnages qui n'y figuraient point. Il a même été fait mention de certaines discussions qui n'ont nullement été abordées. Cependant les débats scientifiques si importants qui ont été l'objet des séances du Congrès offrent un intérêt qui réclame l'exactitude et la vérité.

Tout le monde sait combien les études préhistoriques ont soulevé de questions brûlantes. Les uns, à l'occasion de la découverte de certains monuments appartenant à des temps reculés; d'autres, par l'examen de crânes offrant des caractères particuliers et paraissant se rattacher à des couches géologiques bien déterminées, ont cru pouvoir lancer des affirmations en faveur de chronologies d'une durée fabuleuse, et assigner à l'homme une origine bestiale. Il est important de faire entendre les véritables échos de la science, recueillis de la bouche des savants les plus autorisés. Il y aura lieu alors de constater que les espérances de quelques paléontologistes n'étaient pas plus fondées que les craintes de certains défenseurs des saines doctrines, qui voyaient dans les études préhistoriques des menaces contre les vérités révélées et traditionnelles.

Les monuments si nombreux des époques préhistoriques qui se trouvent dans la Marne, et auxquels les habitants de la Champagne s'intéressent vivement, sont aussi un motif pour mettre sommairement sous les yeux de vos lecteurs (1) un exposé des discussions qui ont eu lieu dans le Congrès.

La séance d'ouverture a eu lieu le 7 août, à deux heures, dans la maison des Nobles, appelée Riddarhus. La réunion était nombreuse. La bienveillance du gouvernement suédois avait attiré un grand nombre de savants, qui étaient certains au préalable d'un accueil fort bienveillant.

M. le comte Henning Hamilton, président du comité d'organisation, dans un discours écouté avec un grand intérêt, a exprimé les sentiments les plus bienveillants pour le Congrès. M. le comte Hamilton s'est montré particulièrement sympathique pour la France, qui était représentée par environ quatre-vingt-dix de nos concitoyens. Après ce discours d'ouverture, qui fut très-applaudi, M. le comte Hamilton a été élu président de la septième session, par une acclamation unanime.

M. Hans Hildebrand, secrétaire du comité organisateur du Congrès, a ensuite publié la liste des délégués des divers gouvernements et des sociétés savantes. Puis, dans un exposé rapide, mais bien saisissant, il a raconté le développement et le progrès des recherches préhistoriques en Suède. Ce tableau

(1) Ce compte-rendu a été publié dans le *Journal de la Marne*.

présente les résultats obtenus et laisse entrevoir de nombreuses solutions encore attendues.

Une liste portant les noms des membres du bureau est ensuite distribuée dans la salle, pour servir à l'élection desdits membres, et ensuite recueillie comme une sorte de bulletin de vote. Après le dépouillement, le bureau se trouve composé ainsi qu'il suit :

Protecteur de la session :

Sa Majesté le Roi de Suède et de Norwège.

Président :

M. le comte Henning Hamilton.

Présidents honoraires :

MM. Capellini, fondateur (Italien).
Worsaœ (Danois), }
Desor (Suisse), } anciens présidents ;

Vice-présidents :

MM. Hildebrand père (Suédois) ;
Nilsson (Suédois) ;
de Quatrefages (Français) ;
Franks (Anglais) ;
Virchow (Allemand) ;
Dupont (Belge) ;
Leemans (Hollandais) ;
Bogdanow (Russe).

Secrétaire général :

M. Hans Hildebrand (Suédois).

Secrétaires :

MM. Montelius (Suédois) ;
Retzius (Suédois);
Chantre (Français) ;
Cazalis de Fondouce (Français).

Secrétaires adjoints :

MM. Stolpe (Suédois) ;
Landberg (Suédois).

Conseil :

MM. A. Bertrand (Français) ;
Berthelot (Français) ;
Evans (Anglais) ;
Von Quast (Allemand) ;
Schaffhaussen (Allemand) ;
Pigorini (Italien);
Van Beneden (Belge) ;
Engelhardt (Danois) ;
Rygh (Norwégien) ;
Von Düben (Norwégien) ;
Aspelin (Finlandais) ;
Lerch (Russe) ;
Romer (Hongrois) ;
Witney (Américain).

Le bureau étant constitué, la seconde séance fut indiquée pour le lendemain à dix heures du matin.

Le soir même de l'ouverture du congrès, la ville de Stockholm offrait aux savants réunis une fête pleine de magnificence. Le lieu avait été parfaitement choisi : le site, les soins exquis apportés à cette réception, ne laissaient rien à désirer. Des toasts ont été portés : le premier à Sa Majesté Oscar II, Roi de Suède ; d'autres au Congrès et à la ville de Stockholm. Le toast de M. Bertrand a été particulièrement remarqué et applaudi. Si nous n'avions point un but beaucoup plus sérieux, en parlant du Congrès, nous aimerions à donner les détails de cette fête splendide et pleine de la plus franche cordialité. Mais qu'il nous suffise de dire que rien n'y a manqué et que les membres de la nombreuse réunion en ont emporté un excellent souvenir.

DEUXIÈME SÉANCE.

M. le professeur Capellini occupe le fauteuil de la présidence.

M. Hans Hildebrand, secrétaire général du Congrès, prend la parole pour énumérer les ouvrages offerts au Congrès.

Après avoir épuisé sa liste, M. le secrétaire général continue d'occuper la tribune, pour résumer une communication de M. Torell sur les formations géologiques de la Suède, dans lesquelles se trouvent les antiquités les plus anciennes. Les traces de l'industrie humaine en Suède les plus anciennes n'appartiennent point à l'époque quaternaire ou à la période glaciaire. Les objets qui paraissaient s'y rattacher n'ont pas été examinés avec soin et autorisent les doutes les plus fondés sur leur origine. Les plus anciens habitants de la Suède appartiennent à l'âge de la pierre polie. Cette période, en Suède, est relativement jeune, mais elle est parfaitement caractérisée dans la Scandinavie, où elle offre un caractère uniforme de fabrication. Des objets représentant l'industrie de cette époque se trouvent aux pieds des montagnes et sur les collines. C'est enfin l'époque de la pierre polie seule que l'on constate en Scanie et en Suède. Le travail de M. Torell a fixé fortement l'attention, car il faisait justice de certaines propositions aventurées relatives à l'antiquité fort exagérée de plusieurs découvertes faites dans le Nord de l'Europe.

M. le baron Kurck prend aussi la parole sur la première question : « Quelles sont les traces les plus anciennes de

» l'existence de l'homme en Suède ? » Il démontre que les vestiges les plus anciens laissés par l'homme se trouvent particulièrement dans la Scanie et dans les provinces situées au Midi.

Les tourbières sont les foyers principaux des objets. L'âge de la pierre est abondamment représenté dans les provinces méridionales, le travail en est très-parfait et se rapproche beaucoup de l'industrie des iles du Danemark. Cependant les objets les plus rudimentaires, les plus grossiers, ne constituent pas une période distincte d'un autre âge plus rapproché. Tous les types se confondent et sont contemporains. Néanmoins la hache triangulaire doit être considérée comme la plus ancienne. Les haches sont généralement en roches basaltiques et prises dans des blocs erratiques.

L'industrie primitive revêt à peu près les mêmes caractères en Suède et en Danemark. La flèche à tranchant transversal se trouve particulièrement en Scanie et on y rencontre aussi la flèche à ailerons. Les roches primitives sont plus souvent employées pour la confection des objets en pierre, parce que le silex est rare dans la contrée.

M. le baron Kurck indique les localités où il a fait des explorations, et dans toutes les circonstances il a trouvé les deux âges de la pierre confondus. Enfin il termine en invitant les membres du Congrès à visiter ses collections, dont il a exposé une partie offrant des objets jusqu'alors inconnus dans le pays.

S. Exc. M. Worsaæ prend la parole et félicite M. le baron Kurck de ses recherches et de ses découvertes C'est, dit-il, en comparant, que la lumière se fait. En Danemark, l'âge de la pierre est pur. Là, pas de mélange. En Scanie, au contraire, l'époque paléolithique est mélangée avec la période néolithique. Par la comparaison des découvertes faites dans le Jutland avec celles de la Fionie et de la Scanie, M. Worsaæ établit que les populations primitives du Nord sont parties des régions de l'Ouest et qu'elles n'ont pénétré dans le Jutland qu'après que les régions riveraines eurent été occupées. C'est donc beaucoup plus tardivement que le flot humain arriva dans la Fionie, la Zélande et la Scanie, et déjà la civilisation avait acquis un certain degré de perfectionnement. Il existe du reste une grande inégalité dans la durée de l'âge de la pierre polie, qui s'est prolongé beaucoup plus en Suède aux dépens de l'âge de bronze, qui n'y a pour ainsi dire point existé. Il convient, ajoute-t-il, de ne pas séparer les âges d'une manière trop tranchée, car souvent ils se mêlent et se préparent réciproquement de manière à se fusionner.

M. Evans fait observer que les différents âges de la pierre ne doivent pas être déterminés par la forme des silex, mais qu'il faut s'aider nécessairement, dans les divisions adoptées, de la situation des objets et de la faune qui les environne. En plusieurs endroits, dans la France et dans la Grande-Bretagne, des instruments de l'époque la plus ancienne ont été recueillis dans des alluvions, conjointement avec des ossements d'animaux quaternaires. Il n'y a rien de paléolithique en Suède. Les ébauches de l'époque de la pierre polie se trouvant nécessairement mélangées aux objets parfaits, ne seraient-elles pas ce qu'on a pris pour un autre âge? Si l'on peut admettre que l'existence des glaciers s'est prolongée beaucoup plus en Scandinavie que dans les autres parties de l'Europe, on peut supposer que la Suède n'était point habitée à l'époque glaciaire, les hommes devant donner la préférence aux pays favorisés par un climat plus doux. Alors l'absence de toutes traces de l'époque paléolithique dans le nord de l'Europe s'expliquerait fort naturellement.

M. Worsaæ donne des explications pour maintenir les deux âges de la pierre en Scandinavie. Il est surtout important, dit-il, de bien examiner les types, pour distinguer les époques; et ces types sont toujours les mêmes lorsque les pièces sont simplement ébauchées ou parfaitement polies.

Les éclats qui proviennent des ébauches offrent généralement le même aspect et affectent dans tous les pays des formes identiques. Mais, par contre, on ne trouve nulle part ces magnifiques poignards en silex taillé qu'on remarque en si grand nombre dans les musées de la Scandinavie, et qui sont essentiellement caractéristiques de la période néolithique dans le nord de l'Europe.

M. Evans admet, avec M. Worsaæ, que l'âge de la pierre ayant duré longtemps en Danemark, a dû y prendre des nuances particulières et donner des différences dans les instruments entre les premiers et les derniers temps de la période. Il ajoute, du reste, qu'il a trouvé des instruments polis dans les kjœkkenmœddings.

M. Worsaæ fait immédiatement observer qu'il y a des kjœkkenmœddings de deux époques.

M. Franks mentionne une flèche du musée de Lund qui se retrouve dans les grottes de Brundiquel. Cet instrument provient d'une tourbière. M. Francks attire l'attention des archéologues suédois sur ce sujet.

M. le docteur Hamy témoigne son étonnement relativement à la communication de M. Torell, qui n'admet point, ainsi que beaucoup d'autres membres du congrès, l'existence de l'homme quaternaire en Scandinavie. MM. Charles Martins, Lyell et d'autres savants, ont signalé les restes d'une hutte dans des dépôts glaciaires, à Sodertelje. Ce fait a été souvent invoqué, et l'occasion de plusieurs conclusions en faveur de l'antiquité de l'homme dans le Nord. Il conviendrait d'être fixé sur la valeur du fait, qui a une haute portée, puisqu'il aurait pour résultat d'établir la présence de l'homme à l'époque pré-glaciaire.

M. Desor demande également que la question qui concerne la hutte soit mise en lumière. Les détails concernant cette découverte ont été insérés dans des travaux scientifiques nombreux, et classés parmi les documents les plus sérieux pouvant servir à l'histoire de l'homme.

D'une part, en présence des doutes fondés exprimés par un grand nombre d'archéologues qui admettent, il est vrai, le fait, mais qui font de sérieuses réserves sur l'antiquité de la hutte et refusent d'admettre les conséquences que l'on a prétendu en déduire ; d'autre part, à l'occasion de la question de la présence de l'homme en Suède durant la période glaciaire, il se reporte vers les importantes découvertes de M. Lartet dans le Périgord. Ce n'est pas seulement en France, maintenant, que ces découvertes ont été faites ; d'autres semblables, beaucoup plus récemment, ont eu lieu en Allemagne et en Suisse. Dans toutes les localités explorées, il a été constaté que les traces de l'industrie humaine se trouvaient confondues avec des restes d'animaux propres à la Scandinavie. La flore qui accompagnait aussi les restes du travail de l'homme offrait un caractère essentiellement boréal.

Dans ces derniers temps, auprès de Schaffouse, en Suisse, à peu près dans les mêmes conditions, c'est-à-dire avec la même faune, on a découvert une partie d'un bois de renne portant un dessin d'une grande correction, figurant un renne broutant, dans une pose admirablement saisie.

Lorsqu'à une pareille époque, on constate sous une latitude de 47 à 48° la faune qui se retrouve aujourd'hui à une latitude de 20° au nord, l'orateur se croit autorisé à poser cette question : l'homme pouvait-il vivre dans la région du nord, lorsque l'on explique avec difficulté comment il pouvait vivre à 20° plus bas vers les régions méridionales ?

Ces considérations paraissent suffisantes à M. Desor, pour conclure qu'il est impossible de trouver des traces de l'homme en Scandinavie pendant la période paléolithique. Car, ajoute-t-il, le froid était trop intense en Suède lorsque les animaux des régions boréales vivaient sur les bords du Rhin.

M. Hans Hildebrand, pour répondre à la demande formulée par MM. Hamy et Desor, expose que M. Torell n'a pas motivé les doutes qu'il a manifestés au sujet de la hutte de Sodertelje. Cependant il est facile de connaître sa manière de voir, en se référant à une communication qui a été faite par lui à la Société d'anthropologie de Stockholm. M. Torell considère la cabane comme moderne. Il est à croire qu'elle a été recouverte par des couches de sable, par suite d'éboulements qui se sont produits. L'histoire de cette cabane est donc incertaine et n'offre qu'un document fort douteux, qui ne peut être invoqué en faveur de l'existence de l'homme en Suède à l'époque quaternaire.

M. Bertrand présente des observations relatives à la théorie que M. Desor vient de préconiser, pour expliquer l'absence de l'homme en Suède à l'époque paléolithique. Les propositions avancées par M. Desor lui semblent revêtir un caractère trop absolu, lorsqu'il affirme que la faune et la flore de certains points de la France et de la Suisse, où l'on observe des traces notables de l'époque paléolithique, sont identiques à la faune et à la flore actuelles de la Scandinavie, et même des régions boréales. Dans ces derniers temps, M. Bertrand a étudié une caverne dont la fouille avait donné le renne représenté sur un ossement. Il a même publié le dessin de ce renne si correctement représenté. A l'occasion de son travail, il a étudié les objets recueillis dans les fouilles que M. le pasteur Frossard a faites dans une caverne de la chaîne des Pyrénées. Il mentionne avec éloges les services rendus à la science par M. Frossard, qui a soigneusement conservé de précieux documents qui auraient été perdus pour la science. Or, le savant géologue, dans ses explorations, a exhumé avec soin tous les ossements amoncelés dans la caverne. Ces restes ont été ensuite déterminés avec une savante attention, et il a été reconnu que des vingt-deux espèces constatées, qui provenaient des fouilles de la station préhistorique, toutes, à l'exception de deux, existaient encore aujourd'hui dans le voisinage de la grotte explorée. Quant aux deux espèces éteintes, leur disparition ne lui semble pas devoir être attribuée au changement de température. Les influences climatériques n'ont point été la cause de la destruction des deux espèces éteintes, qui n'ont disparu évidemment que par l'action de l'homme dans les altitudes pyrénéennes. Le renne est un de ces animaux disparus, selon lui, par suite de la chasse dont il était l'objet de la part de l'homme habitant de la région. De l'avis de M. Bertrand, c'est se montrer trop affirmatif et aller trop loin, que de prétendre que la partie méridionale de la France a vécu à une époque quelconque sous un climat semblable à celui qui règne présentement dans la Laponie.

M. Howorth attache une grande importance à la question traitée contradictoirement par M. Worsaæ et par M. Evans. Il provoque sur ce sujet des explications qui lui paraissent aussi utiles qu'indispensables. Les instruments qui composaient l'outillage en pierre employé par les premiers habitants du nord de l'Europe affectent des formes identiques avec ceux en usage dans l'ouest et dans le centre de l'Europe. Cette similitude de formes se remarque pendant une période considérable et se retrouve jusqu'au moment où une révolution s'opère dans le travail. A dater de ce temps, les silex taillés de la Scandinavie ne présentent plus les formes des instruments en usage dans les autres pays. La Nouvelle-Zélande offre les mêmes particularités. L'époque de la pierre se partage en deux périodes bien distinctes. La première a pour caractère distinctif des instruments grossiers et sans art. La seconde, au contraire, se reconnaît par des objets bien traités et polis, dont on doit attribuer l'origine aux Maoris. Ces populations avaient imité, avec le jade et d'autres matières minérales, les instruments en bois et en os dont ils avaient fait antérieurement usage. Lorsque, dans la suite, l'usage du bronze s'introduisit en Europe, l'art entra dans une nouvelle phase, et le bronze se substitua à la pierre dans les régions méridionales. Puis ce métal se répandit dans le nord. Le commerce procurant les instruments en bronze aux habitants des pays septentrionaux, les mêmes instruments en bronze devinrent les modèles que l'on imita quant à la forme, et furent reproduits en pierre. La preuve de ce fait se trouve dans les poignards qui ont été recueillis en Danemark.

L'orateur termine ses observations en demandant s'il n'y a pas lieu de croire que, dans la seconde période de l'âge de pierre, la Scandinavie, le Jutland et l'archipel danois ont formé un seul et même continent.

M. de Quatrefages : La nature des observations présentées par M. Bertrand pour combattre les conclusions de M. Desor nécessite certaines réserves. On ne doit pas comparer les pays de plaines aux régions montagneuses. Il convient de tenir compte des altitudes, qui sont certainement susceptibles d'établir des différences dans le climat normal particulier aux latitudes.

Du reste, comme l'a déjà fait observer M. de Quatrefages, on s'exposerait à des erreurs, si l'on comparait une plaine à une chaîne de montagnes pour apprécier les différences de climat.

M. Howorth expose que l'examen des kjœkkenmœddings et des traces de l'époque de la pierre polie, observées chez les Maoris, a fait connaître une hache semblable à celles qui se trouvent en Europe, et qu'il serait très-difficile de la distinguer de ces dernières.

M. de Quatrefages pense que la ressemblance des objets n'implique pas nécessairement une même origine et une même époque. Dans la comparaison des instruments recueillis dans les pays voisins et même dans des régions éloignées, il est nécessaire de tenir compte de ce fait : tous les hommes ont dû éprouver les mêmes besoins dans le début. Il est donc naturel, lorsqu'ils avaient sous la main les mêmes matériaux pour satisfaire ces mêmes besoins, qu'ils aient donné à leurs instruments les mêmes formes et leur aient aussi imprimé les caractères d'une ressemblance plus ou moins parfaite. Les mêmes besoins ont inspiré les mêmes effets, et, avec la même matière, il est difficile que les objets fabriqués ne se ressemblent pas.

M. Desor revient à la tribune, pour faire de nouvelles observations relativement à la manière de penser de M. Bertrand, au sujet des animaux éteints. Ce ne sont pas seulement les découvertes faites dans le Cantal et dans les Pyrénées qui servent de base à son opinion. Il y a encore d'autres faits qui ont été constatés en Allemagne et en Suisse. Les animaux observés dans ces deux dernières contrées sont représentés : par le renne, qui domine en nombre, l'éléphant, le renard bleu, l'ours des cavernes et l'élan.

Ces animaux, qui vivent de nos jours dans le nord, habitaient donc les bords du Rhin pendant la période paléolithique. Comment alors ne pas admettre que le climat des régions rhénanes n'était pas le même que celui qui règne de nos jours dans les régions boréales. Il est donc présumable que les pays du nord étaient inhabités à la même époque.

M. Engelhardt entretient le congrès de plusieurs découvertes qui ont été récemment faites dans le Danemark. Il résulte de ces mêmes découvertes, qui ont donné de nombreux objets en silex, parmi lesquels douze cents flèches à tranchant transversal, qu'il y a lieu de supposer l'existence en Danemark d'une époque de transition entre les kjœkkenmœddings et les dolmens. Les objets proviennent de plusieurs ateliers explorés dans l'île d'Oland, où les stations les plus dignes d'intérêt ont été remarquées.

M. Zawisza lit une communication fort intéressante sur les

recherches qu'il a faites dans la grotte du Mammouth, près de Varsovie. Il a découvert de nombreux silex taillés, qui rappellent les types de la Madelaine et du Moustier.

Parmi les différents objets qui sont soumis à l'examen des membres du congrès, on remarque des amulettes en ivoire, parfaitement polies et d'un grand intérêt. Des objets en bois de renne attirent également l'attention.

TROISIÈME SÉANCE.

S. Exc. M. Worsaæ, ministre de l'instruction publique du Danemark, président.

M. Hildebrand, secrétaire général, prend la parole pour faire connaître les titres des différents ouvrages offerts par leurs auteurs au Congrès international.

M. le docteur Hamy, aide naturaliste d'anthropologie au Muséum de Paris, occupe la tribune et entretient le Congrès des dépôts quaternaires de Grenelle-Paris. L'intéressante communication de M. Belgrand, qui a si vivement attiré l'attention au congrès de Bruxelles, est encore présente à tous les esprits. Le savant géologue a présenté une étude fort attachante du terrain quaternaire de Grenelle et des différentes couches superposées qui le composent. Il convient néanmoins de rendre justice à M. Martin, dont la mort est une perte fort regrettable pour la science, car il a étudié avec un soin particulier le terrain quaternaire parisien, qui est une véritable mine pour le géologue et l'archéologue. Il est juste de rendre hommage à ses travaux, qui n'étaient certainement pas complets, mais qui ont ouvert fort avantageusement la route que d'autres parcourent depuis.

Les couches supérieures des dépôts de la Seine, avec leur faune et leur archéologie, expliquent les constatations faites dans la vallée de la Somme. Les types humains y sont représentés par des pièces anatomiques faciles à déterminer. Les différentes époques de la pierre en France s'y trouvent superposées fort régulièrement. Trois types crâniens se font remarquer. Le premier et le second sont semblables au type de Cro-Magnon. L'orbite a une forme spéciale qui se retrouve dans le crâne de Cro-Magnon. Le crâne trouvé n'est pas entier, mais il a été complété par des mesures d'une autre provenance. Le troisième type offre des particularités signalées par M. Hamy et reproduites dans les dessins qu'il expose. Ces différents types bien différenciés ne sont-ils pas des variétés du même genre ? On peut se le demander sans ôter le moindre intérêt à la question ; car, au triple point de vue de la géologie, de l'anthropologie et de l'archéologie, le terrain quaternaire de Grenelle présente une harmonieuse concordance, qui exclut les hésitations, tant elle est frappante. Les archéologues doivent donc à M. Martin de précieuses indications sur la couche quaternaire de Grenelle, le type le meilleur et le plus riche des gisements quaternaires de la France du Nord.

M. Stolpe aborde la cinquième question du programme : « Peut-on établir les routes que, dans l'antiquité, le commerce de l'ambre jaune a suivies? » L'orateur signale immédiatement les lieux de production les plus considérables qui ont fourni avec plus d'abondance l'ambre jaune dans les temps anciens. Les côtes situées sur les bords de la mer Baltique et de la mer du Nord ont donné beaucoup d'ambre. En Pologne, en Allemagne, en Galicie, il en a été aussi recueilli beaucoup dans les terrains tertiaires.

M. Stolpe fait avec beaucoup de détail la description des différents gisements d'ambre, dans les pays qu'il a signalés comme recélant cette matière. Il mentionne aussi les nombreuses variétés de l'ambre qui se trouvent dans le Nord et en donne les caractères distinctifs. La Sicile est également indiquée comme en produisant avec une certaine abondance. Les dépôts tertiaires du voisinage de la ville de Catane fournissent particulièrement l'ambre. L'ambre jaune était en usage dans la Scandinavie, aux époques les plus reculées ;

ses traces ont été remarquées et bien constatées. Néanmoins, c'est pendant l'âge du bronze et du fer qu'il paraît plus abondamment et que son usage s'est le plus vulgarisé. C'est pendant ces périodes qu'il a été l'objet d'échanges considérables et qu'il s'est introduit dans les nombreux pays où les archéologues ont constaté sa présence.

M. Capellini, professeur à l'Université de Bologne, mentionne et résume sommairement les travaux qui ont été faits sur l'ambre sicilien et cite les noms des auteurs qui ont écrit sur ce sujet. Catane est le foyer le plus abondant.

Il entretient aussi le Congrès de l'ambre bolonais. Les nécropoles du premier âge de fer, situées à Villanova et à Marzabotto, ont fourni de l'ambre d'origine italienne, selon l'opinion de M. Capellini. Mais l'orateur pense que dans la suite, lorsque les Etrusques se mirent en communication avec les pays du Nord, ils employèrent préférablement l'ambre jaune des pays septentrionaux. Néanmoins, l'Italie renferme beaucoup d'ambre des nuances les plus variées. On en compte quatre-vingts variétés, lorsque l'on considère les fossiles et les teintes. L'ambre polychrôme est le plus commun et le plus répandu.

M. Wiberg présente quelques observations relatives à l'ambre préconisé par M. Capellini. Puis il signale les différents pays du Nord qui fournissaient l'ambre, et, en partant de ces points, il trace la route présumée que le commerce a suivie. Les grands fleuves comme l'Elbe, l'Oder, le Rhin et le Rhône, lui paraissent les voies suivies par le commerce. Marseille, par la route du Rhône, était aussi comme un entrepôt.

M. Capellini explique ses assertions et les maintient par quelques détails dont nous ne saisissons pas bien la portée.

M. Wirchow refuse d'admettre que l'ambre italien ait été celui employé par les populations de Villanova et de Marzabotto.

L'Italie elle-même empruntait certainement l'ambre jaune aux pays du Nord, à l'Allemagne. Le commerce de l'ambre suppose nécessairement le commerce de l'ivoire et du bronze. C'est par la voie de l'échange que le commerce se faisait. Les tribus du Midi allaient chercher l'ambre et les fourrures dans le Nord, en y portant l'ivoire et le bronze. Ces conclusions paraissent découler naturellement de la situation des régions réciproques qui avaient établi entre elles des relations commerciales.

M. Howorth se demande si, dans les temps anciens, l'Italie a fourni beaucoup d'ambre au commerce, bien qu'elle en soit abondamment pourvue. Pour lui, l'usage de l'ambre en Italie était probablement inconnu à l'époque de la pierre. Il importerait aussi, selon l'opinion de M. Howorth, de déterminer le chemin suivi par le commerce pour pénétrer dans le Midi. L'ambre venait de la Pannonie et suivait vraisemblablement la même marche que le jais, qu'on retrouve partout. L'ambre a fait son apparition dans les régions septentrionales longtemps avant d'être employé en Italie.

Dans le Nord, il est contemporain de l'âge de pierre, et c'est seulement à l'âge du fer qu'il fait son apparition en Italie.

M. Pigorini, directeur du musée royal archéologique à Parme, prend la parole pour déclarer qu'il n'y a rien de certain sur l'origine de l'ambre, qui n'apparaît effectivement en Italie qu'avec le fer. Mais il observe que l'âge du fer en Italie correspond à l'âge du bronze dans le Nord. Il saisit l'occasion pour rectifier une erreur qu'il a commise sur le sujet en discussion.

M. Evans, président de la Société géologique de Londres, entrevoit la solution de la question posée par M. Howorth, relativement à la voie suivie par le commerce de l'ambre, pour arriver dans le Midi. Il suffirait de déterminer les routes diverses suivies par les Romains et les Grecs lorsqu'ils faisaient le commerce. C'est un fait constaté que généralement les anciennes voies de communication furent toujours celles conservées dans la suite par les négociants romains et grecs. En Angleterre, il a été remarqué que les objets en ambre reproduisent avec une exactitude frappante les formes des objets en jayet dont la provenance est incontestablement britannique.

La discussion relative au commerce de l'ambre, dans les temps préhistoriques, n'ayant pu être terminée dans la présente séance, doit être continuée dans la séance libre du 10.

QUATRIÈME SÉANCE.

M. Desor, président.

M. Hans Hildebrand, secrétaire général du Congrès, fait connaître les différents ouvrages adressés par leurs auteurs au Congrès.

Il donne en même temps les détails relatifs à l'excursion d'Upsal, qui aura lieu le lendemain mardi.

M. Nilson, professeur honoraire à l'Université de Lund, traite différentes questions du programme. D'abord, comment se caractérise l'âge de la pierre polie en Suède? L'illustre archéologue reproduit les opinions et les faits qui se trouvent dans ses ouvrages si connus. Il aborde ensuite la question suivante : Faut-il attribuer les antiquités de cet âge à un seul peuple, ou peut-on établir la coexistence de plusieurs tribus qui ont habité les différentes parties de la Suède? Les paroles de l'orateur ne parviennent pas jusqu'à nous.

M. Montelius traite aussi les questions abordées par M. Nilson. Les démonstrations sont aidées par une carte archéologique de la Suède, exposée devant le congrès. Les tombeaux appartenant à l'âge de la pierre polie se rencontrent particulièrement dans le midi de la Suède, où ils affectent spécialement le voisinage des côtes et des cours d'eau. Cependant on trouve par exception un groupe de sépultures dans le voisinage de Falkœping; vraisemblablement les popula'ions de l'époque de la pierre ont été attirées par la fertilité du sol, qui est remarquable.

M. Montelius signale ensuite plusieurs genres dé sépultures. D'abord les dolmens, qui sont nombreux et remarquables en Suède ; les tombeaux proprement dits, pratiqués dans de grandes pierres creusées ; les tumulus et les sépultures à galeries.

Ces différentes sépultures sont très-nombreuses en Suède, où elles ont été l'objet d'études très-sérieuses. M. Montelius mentionne le résultat de ces observations et en décrit les particularités.

M. Rygh, professeur à Christiania, ajoute aux communications précédentes des détails particuliers à la Norwége.

Cette contrée fournit presque les mêmes objets et reproduit les formes qui se rencontrent en Suède.

Néanmoins les objets en silex s'y rencontrent très-rarement et, lorsqu'on avance vers le nord, ils sont encore beaucoup plus rares. Enfin, le silex travaillé disparaît complètement au 65° de latitude. Une industrie nouvelle bien différenciée remplace le silex. La région particulière à cette industrie se prolonge jusqu'au cap Nord.

C'est au-delà du cercle polaire qu'elle se présente dans tous ses développements et dans toute son extension. Les restes de cette antique industrie consistent particulièrement en instruments de schiste et en bois de renne. Ces objets forment un groupe particulier dans l'industrie préhistorique, et il le qualifie de groupe *arctique*, par opposition au groupe scandinave, qui s'en distingue par des caractères évidents. Les antiquités rangées dans le groupe arctique sont regardées par M. Rygh comme spéciales à la Laponie, où elles étaient encore en usage au commencement de notre siècle, car l'âge de la pierre polie a prolongé sa durée chez les Lapons jusqu'à cette époque.

M. Bertrand présente quelques observations sur la matière présentement en discussion.

M. Montelius ajoute quelques détails complémentaires.

M. Hildebrand énumère les animaux composant la faune des sépultures à galeries explorées dans la Westrogothie et la Scanie. Les animaux domestiques sont très-nombreux.

Les contrées de l'Europe où l'on rencontre les dolmens sont ensuite signalées par M. Hildebrand, qui suit pour ainsi dire le courant parcouru par les dolmens. En constatant la ressemblance de ces monuments sur tous les points de l'Europe où ils se rencontrent, M. Hildebrand se demande si l'identité dans les formes indique que les dolmens sont l'œuvre d'un même peuple, qui aurait ainsi attesté son passage par les mêmes monuments. Ou bien, se demande-t-il, doit-on considérer la ressemblance des monuments comme l'expression d'une même idée?

Dans cette dernière hypothèse, des peuples étrangers les uns aux autres auraient adopté pour leurs sépultures une forme identique, inspirée par l'idée de donner aux morts une demeure solide, offrant des analogies avec la maison des vivants.

S. Exc. M. Worsaæ reprend sommairement les faits rapportés par les orateurs qui l'ont précédé à la tribune. Il trouve, dans les idées qu'ils ont exprimées, des preuves en faveur d'une opinion qu'il a formulée il y a longtemps, relativement à l'influence des Lapons et des Finnois, qu'il considère comme faisant partie des populations primitives de l'Europe. Suivant la pensée de l'orateur, les Lapons et les Finnois ont pénétré par la Russie et la Finlande, et ils ont dû rencontrer dans le nord de la Scandinavie d'autres populations déjà établies en Europe, et très-probablement parties des régions du midi et des pays situés à l'ouest.

M. César Daly, directeur de la *Revue générale de l'Architecture*. Le tombeau est la reproduction de la maison : c'est-à-dire que l'on imitait la demeure des vivants, dans la construction destinée à recevoir les dépouilles mortelles de l'homme. L'orateur, qui a beaucoup étudié les monuments funéraires les plus anciens de l'Egypte, entre dans des développements fort intéressants sur ce sujet. Il donne enfin de nombreuses preuves en faveur de cette pensée : le tombeau est la reproduction monumentale de la maison.

M. de Quast présente quelques observations relatives au système préconisé par M. Daly. Puis il signale les régions de l'Allemagne où les dolmens se rencontrent. Malheureusement ces antiques monuments, qui étaient très-nombreux autrefois, disparaissent chaque jour. Les conclusions des archéologues paraissent moins fondées, si l'on considère seulement les monuments existants aujourd'hui.

Au moment où M. de Quast parlait, S. M. Oscar II, Roi de Suède, de Norwège et de Westrogothie, entrait dans la salle du Congrès, au milieu des applaudissements les plus énergiques, et prenait place auprès du président.

Sa Majesté venait d'effectuer son retour à Stockholm, et quelques instants après elle daignait honorer la réunion de sa royale visite.

Après quelques paroles de félicitation empreintes de la plus gracieuse bienveillance, prononcées par le Roi et accueillies avec une respectueuse sympathie, la séance a été continuée.

M. Henry Howorth reprend la question relative aux immigrations effectuées en Europe, et il indique le moyen de suivre le courant des populations d'une manière efficace. Selon lui, l'exploration attentive des régions caucasiennes qui ont servi de passage à tous les peuples établis en Europe, serait un moyen de recueillir des documents nombreux et une source abondante de renseignements précieux.

M. de Quatrefages traite la question présentement agitée dans le congrès, au point de vue anthropologique. L'anthropologie donne en effet des aperçus, des renseignements, des faits de nature à concilier les enseignements de l'histoire avec les conclusions de la science moderne. Par des développements pleins d'intérêt, M. de Quatrefages explique comment le système des historiens qui regardent les populations primitives de l'Europe comme s'étant graduellement avancées vers le nord, et l'opinion de M. Worsaæ, qui les fait venir par la Russie et la Finlande à la rencontre des tribus septentrionales de la Scandinavie, peuvent se concilier par les données de l'anthropologie. Le mélange des races a existé dans les temps les plus reculés. Comme le rappelle l'illustre orateur, l'homme a été dans les temps anciens beaucoup plus voyageur qu'on ne le pense vulgairement ; et l'examen des ossements et des pièces anatomiques démontre un grand mélange et atteste les transformations opérées par les migrations. Ainsi s'expliquerait la présence de types différents dans les régions septentrionales.

M. Wirchow ne peut admettre sans discussion la communication de M. de Quast, relative à la distribution des dolmens en Allemagne. Selon lui, il est difficile d'admettre que les populations ont suivi la marche tracée par M. de Quast.

L'orateur, se reportant vers les explications données par M. de Quatrefages à l'aide des ressources fournies par l'anthropologie, prétend que cette science nouvelle est insuffisante pour trancher la question des races européennes primitives. A son point de vue, la craniologie est peu fixée et trop incertaine pour apporter à la discussion des éléments certains.

M. de Quatrefages revient à la tribune et, avec un charme et une loyauté qui frappent le Congrès, ne craint pas d'affirmer que la science anthropologique n'a pas encore atteint tous ses développements. Elle cherche encore de nombreuses solutions qui se font désirer. Mais, néanmoins, il déclare que malgré le danger de se tromper, il faut chercher à reconnaître les types anciens, à en déterminer les caractères, de

manière à les discerner et à les reconnaître au milieu
des populations de nos jours. Sans doute, il est très-difficile
de reconnaître le type primitif originaire. Mais la difficulté
de le discerner ne l'empêche point d'exister. Toutefois, ce
n'est pas aux races des terrains quaternaires qu'il convient
de le demander, il faut descendre dans les couches mio-
cènes, car de récentes découvertes de M. l'abbé Bourgeois sont pour l'orateur des témoignages sérieux en faveur
de l'homme tertiaire. Dans le cours de cette brillante discussion, M. de Quatrefages affirme incidemment qu'il s'est
déjà prononcé pour l'unité de l'espèce humaine, pleinement
admise et enseignée par lui dans ses écrits.

M. Worsaæ reprend la parole pour compléter sa précédente communication et affirmer les conclusions qu'il en a
tirées. Il ne peut, dit-il, se ranger à l'opinion de M. de Quatrefages, toujours à cause des erreurs dans lesquelles l'anthropologie est tombée plusieurs fois.

M. Wirchow défend également sa manière de voir et à peu
près par les mêmes considérations.

M. de Quatrefages reconnaît que des erreurs ont été com-
mises, mais elles n'empêchent pas la science d'exister et
d'obtenir des résultats très-utiles. En groupant certains
crânes de formes analogues, on a obtenu des résultats précieux. Le crâne du Néanderthal, qui a été l'objet de tant de
discussions, a été aussi l'occasion de conclusions erronées ;
mais l'étude n'en a pas moins été féconde. Ce type a été retrouvé par les études anthropologiques en France. Un évêque
de Metz et un savant illustre le reproduisent.

CINQUIÈME SÉANCE.

M. Dupont, conservateur du musée royal de Bruxelles, président.

M. Pozzy lit à la tribune une communication de M. Gabriel de Mortillet. Le peuple particulier auquel on attribue les dolmens n'a pas existé. Ces monuments, qui sont considérés comme les témoins de son passage, ne sont pas l'œuvre d'un même peuple. Effectivement, les uns font aller ce peuple du nord au sud, et les autres du sud au nord. L'idée qu'on s'en forme n'est donc pas bien nette. Il y a du reste des lacunes dans la carte de la distribution des dolmens. Des régions isolées renferment des dolmens, et ces contrées ne peuvent se rattacher à la masse générale du peuple des dolmens. Les groupes de Crimée et de la Palestine en sont des exemples.

Dans des pays très-éloignés, comme la Bretagne et le Jutland, la plus grande partie des dolmens ne renferment que de la pierre. Cependant on trouve çà et là de ces monuments renfermant du bronze.

La même évolution, au point de vue de l'industrie, s'est donc produite dans ces divers pays, et probablement aussi à des époques différentes. Les dolmens sont l'œuvre de populations sédentaires, et non le travail d'un peuple en émigration.

Les dolmens, dans leur ensemble, se ressemblent sans doute par des traits communs. Néanmoins ils ont des caractères distinctifs suffisants pour attester des usages différents.

Il en existe du reste des variétés bien accusées dans la France.

Les observations de l'anthropologie ont constaté des différences marquées dans les débris humains trouvés dans les dolmens. MM. Broca, Prunières, Hamy, ont reconnu des traits nombreux, caractéristiques, des populations paléolithiques. Il est donc difficile d'admettre l'existence d'un peuple particulier.

Les dolmens sont une simple dérivation des grottes sépulcrales. En l'absence des grottes naturelles, on a creusé des grottes artificielles, et celles-ci ont été remplacées par les dolmens.

L'évolution est facile à remarquer en France. L'orateur trouve des caractères communs aux grottes et aux dolmens. Ainsi, dans la Marne, les grottes découvertes par M. Joseph de Baye se rattachent à la région des allées couvertes, à vestibules et à entrées étroites. La salle mortuaire des grottes artificielles est précédée d'un petit vestibule, et l'entrée n'est qu'une étroite ouverture par laquelle il est difficile de passer. Le département du Gard offre des transitions encore plus significatives entre les grottes et les dolmens. Les sépultures de Cordes et du Castellet sont moitié grotte artificielle et moitié dolmen.

Enfin, un des traits de ressemblance le plus caractéristique établissant la transition entre les grottes naturelles sépulcrales, les grottes funéraires artificielles et les dolmens, se trouve dans un fait spécial, plusieurs fois remarqué. Ce fait consiste dans l'enlèvement de rondelles d'os sur le crâne, chez l'homme mort et même chez l'homme vivant. Cette pratique a été plusieurs fois constatée par M. le docteur Prunières et étudiée par M. Broca. On la retrouve également dans les grottes naturelles, dans les grottes artificielles de la Marne. Car l'orateur a examiné plusieurs de ces rondelles dans les collections de M. de Baye. Enfin on la constate dans les dolmens.

Pour ces motifs, sommairement résumés, M. de Mortillet conclut que les dolmens sont des formes sépulcrales, qui se sont propagées chez différents peuples en contact, mais qu'ils ne sont nullement caractéristiques d'un peuple particulier.

L'intéressante communication de M. de Mortillet, qui s'éloigne des voies battues et contient des aperçus nouveaux, a été écoutée avec une sympathique attention.

M. le docteur Hamy entretient le Congrès de fouilles qu'il a récemment pratiquées dans plusieurs dolmens des environs de Paris. Il a observé des faits qui l'autorisent à partager l'opinion de M. de Mortillet et de la confirmer. Ses observations personnelles faites dans ces dolmens constatent la présence d'hommes offrant les caractères propres aux populations de l'âge du renne.

M. Lorange, directeur du musée de Bergen, entretient de nouveau le congrès de l'époque de la pierre polie en Suède et en Norwège. Il a fait des recherches considérables, et ses études l'ont amené à reconnaître que les silex sont en moins grand nombre lorsqu'on s'avance vers le nord. Dans cette région, les objets qui se rattachent à l'âge de la pierre offrent des caractères différents et s'accentuent d'une manière plus complète vers le nord. Les observations de M. Lorange confirment les faits déjà signalés par M. Rygh dans la précédente séance

M. Capellini occupe la tribune pour entretenir le Congrès des découvertes récentes de l'âge de la pierre dans le Bolonais et de l'ambre dans les plus anciennes nécropoles de cette province. Des découvertes magnifiques ont été faites dans un puits funéraire, près de Bazzano. De beaux et de nombreux instruments ont été recueillis. Dans le voisinage de ce même pays, on a trouvé les traces bien évidentes d'un atelier de fabrication d'instruments en silex. Pendant longtemps, et récemment encore, on considérait les objets en silex découverts dans le Bolonais comme ayant une origine exotique et comme d'importation étrangère. Des faits récents, nombreux et bien constatés, démontrent l'erreur dans laquelle les archéologues étaient tombés, puisque ces objets ont été incontestablement confectionnés dans le Bolonais.

L'ambre, que l'on considère comme un objet d'importation en Italie dans les temps préhistoriques, n'y était-il pas déjà travaillé? La preuve pourra un jour se rencontrer.

M. Cazalis de Fondouce, rédacteur des *Matériaux pour servir à l'histoire de l'homme*, a trouvé l'ambre dans une sépulture mégalithique qu'il a explorée dans l'Hérault. Cette sépulture, selon son opinion, se rattache à l'époque des dolmens du midi. Elle serait donc de la transition de la pierre polie au bronze.

M. Joseph de Baye, membre de la Société d'anthropologie de Paris, fait une communication relative à l'ambre qu'il a découvert dans ses fouilles.

La question relative à la route suivie dans l'antiquité par le commerce de l'ambre trouve un élément de solution dans un fait signalé par l'orateur. Dans une grotte située à Oyes (Marne), il a trouvé en 1873 un grain de collier en ambre. La grotte appartenait à l'âge de la pierre. L'objet est remarquablement conforme au type des grains signalés dans l'ouvrage de M. Nilson. Le fait constitue un jalon et signale la présence de l'ambre à une époque où il n'avait pas encore été remarqué. Si on ne peut considérer cet ambre comme indigène, sa présence indique un point géographique où il aurait été importé des régions du nord.

Le département de l'Aisne fournit de l'ambre; mais il n'est pas démontré que les gisements étaient connus dans les temps préhistoriques.

Il est probable que l'ambre venait du nord. On sait avec quelle facilité les cavaliers germains vinrent au secours des *Remi*, lorsque Jules César assiégea Reims. On sait également avec quelle rapidité ils reprirent la route de leur pays après la défaite. Cette voie n'était-elle pas le chemin suivi par le commerce pour apporter l'ambre en Champagne ? Il y a lieu de le supposer.

M. Belucci mentionne aussi la découverte de l'ambre qu'il a faite dans les environs de Terni, dans des débris amoncelés appartenant à l'âge du bronze.

M. Ernest Chantre, attaché au musée de Lyon, a aussi rencontré l'ambre dans l'âge du bronze, en plusieurs endroits. Le trésor de Réalon, dans le département des Hautes-Alpes, lui en a fourni. Plusieurs cimetières datant du premier âge du fer, dans les Alpes, dans la Savoie et dans le Dauphiné, lui en ont également donné.

M. Engelhardt voit dans les monnaies grecques, qui se rencontrent en grande quantité dans le nord, une preuve du commerce de l'ambre. Les monnaies, selon son opinion, étaient données pour payer l'ambre. Le commerce se faisait alors par la vallée du Danube et par la Vistule. L'ambre fut d'un usage plus répandu en Suède et en Danemark pendant l'âge de la pierre. Les objets en ambre sont très-communs dans les sépultures de l'âge de la pierre. Ces mêmes objets deviennent beaucoup plus rares dans les époques suivantes. M. Engelhardt pense qu'il faut attribuer la diminution des objets en ambre à leur grand prix, la valeur de l'ambre étant devenue très-considérable par suite des demandes commerciales.

M. Oppert, professeur au Collége de France, s'est occupé de l'ambre au point de vue de la linguistique ; il expose qu'il n'a pu recueillir aucune donnée sur l'origine du nom, qui varie du reste dans les différentes familles de langues.

M. Oppert éprouve une certaine difficulté à voir dans l'ambre une question archéologique se rattachant aux temps préhistoriques. L'orateur signale plusieurs voies qui auraient été suivies par le commerce de l'ambre. Les Phéniciens venaient chercher cette précieuse matière sur les côtes de la

France ou de la Grande-Bretagne, qui la recevaient du nord. Toutefois, le commerce avait encore une autre route par l'Allemagne et le Danube, pour le transporter sur les rives de la mer Noire.

M. Francks, s'intéressant à la présence de l'ambre en Roumanie, demande s'il se trouve dans le Congrès des membres susceptibles de donner quelques renseignements sur la question.

M. Pigorini trouve qu'il conviendrait, avant d'aborder les questions générales, de réunir d'abord des faits nombreux, bien constatés, pour en tirer ensuite des conclusions.

M. Dirks, de l'Académie royale des Sciences, président de la Société frisonne, répondant au vœu formulé par M. Pigorini, mentionne les découvertes d'ambre qui ont été faites en Hollande. Les objets en ambre d'une haute antiquité sont du reste fort rares dans les Pays-Bas.

M. Landberg ne partage pas l'opinion de M Oppert sur la route suivie par le commerce de l'ambre. Cependant, il reconnaît que les Phéniciens ont été les premiers à pratiquer ce commerce. Dès les temps les plus reculés, nous voyons que Salomon et Hiram, roi de Tyr, étaient en communication avec les contrées orientales où leurs flottes allaient chercher l'ambre et d'autres matières précieuses. Les cérémonies du culte chananéen, exigeaient l'emploi de l'ambre dans les sacrifices. Cet usage liturgique le rendait nécessaire et l'objet d'une grande recherche. Son emploi s'est conservé dans le Liban jusqu'à nos jours.

L'orateur a rencontré l'ambre dans diverses sépultures qu'il a lui-même visitées. Il possède des objets qu'il a trouvés en plusieurs endroits sur la route par terre, qu'il considère comme la voie suivie par le commerce. Il affirme avoir trouvé dans les îles Baharein des tombeaux qui recélaient des objets en ambre. Les lieux où sont situés ces tombeaux sont considérés comme ayant une origine chananéenne.

M. Bertrand, revenant à la communication de M. de Mortillet, prétend que les dolmens ne sont l'œuvre ni l'invention des hommes des cavernes. Il attribue leur origine à une race nouvelle, chez laquelle ils étaient en usage. Cet usage se serait dans la suite propagé et généralisé en se répandant successivement dans les différentes régions, à travers lesquelles on peut suivre la marche qu'il a précédemment tracée.

M. Evans conseille, dans l'étude de la distribution des dolmens et dans la recherche des objets en pierre, de tenir compte de la constitution géologique du pays. En effet, il peut exister des lacunes dans la distribution des dolmens, sans que l'on puisse en conclure que les populations qui construisaient ces monuments n'ont point passé dans la région. C'est peut-être simplement parce que les pierres nécessaires pour ériger les monuments, ne se trouvaient pas dans le pays.

M. Schaffhausen, entretient le congrès de plusieurs crânes de Lapons qui ont été découverts en Westphalie. Ensuite il soumet à l'examen un marteau en plomb qui a été trouvé dans les environs de Cologne, à Neuss. Il regarde cet instrument comme un des marteaux de Thor, dont le rôle est si célèbre en Allemagne par leurs superstitieux usages. Il fait observer que le type des marteaux se trouve reproduit dans des amulettes en argent qu'on peut voir dans les musées de Stockholm et de Copenhague.

M. Wirchow présente quelques courtes observations relatives à la communication de M. Schaffausen dont il ne partage pas les opinions relativement aux crânes dont il a entretenu le congrès.

M. Gratama, vice-président de la commission archéologique de Dreuthe, présente au Congrès, au nom de la commission, une collection de photographies reproduisant les principaux dolmens de la Dreuthe. Des notices explicatives accompagnent les vues photographiques. L'orateur entre, relativement aux dolmens, dans des détails intéressants et fait connaître les mesures prises par le gouvernement des Pays-Bas pour préserver ces monuments de la destruction. L'Etat néerlandais a fait l'acquisition d'un bon nombre de ces dolmens.

Cette dernière séance, du 10 août, a été suivie le lendemain d'une excursion à Upsal. Ce voyage est assez intéressant pour que nous en disions quelques mots.

Le 11, dès le matin, les membres du Congrès partaient pour Upsal. Le chemin de fer les transportait jusqu'au vieux Upsal, pour y visiter les trois tumulus de Frey, de Thor et d'Odin qui rappellent des souvenirs fort anciens. Un de ces tumulus présentait un de ses côtés ouvert. Une large tranchée avait été pratiquée de manière à en faciliter l'étude. Les fouilles faites dans ce tumulus avaient donné des armes, des bracelets et d'autres ornements que l'on voit maintenant au musée de Stockholm.

Après cette intéressante visite, le Congrès revint sur ses pas pour visiter la ville d'Upsal. Les habitants en grand nombre étaient réunis autour de la gare et dans les rues qui y conduisent.

Les professeurs de la célèbre université, environnés des étudiants, reçurent le Congrès. Le discours de réception a été fort applaudi. Après le discours, les étudiants firent entendre des chants qui étaient dignes de leur réputation si bien méritée.

Alors, l'imposant cortége se rendit à la célèbre Université, suivant les étudiants groupés autour de la bannière de leurs provinces respectives ; car chaque province de la Suède a sa bannière.

En parcourant la ville, il était impossible de ne point être frappé de l'attitude sympathique de la population. La propreté des rues était remarquable, et l'aspect de la ville, avec ses maisons peintes en rouge, ne manquait pas d'offrir un intérêt particulier.

Après avoir pénétré dans le jardin botanique, le plus grand nombre des membres du Congrès se rendirent dans la galerie où l'on admire une magnifique statue de Linné. L'illustre botaniste, comme on le sait, a professé à l'Université d'Upsal, dont il est la gloire.

Un déjeûner avait été préparé pour les personnes faisant partie de l'excursion. Les tables étaient dressées dans le jardin botanique, et tout y accusait des soins attentifs et de la cordialité.

M. le professeur Walmstedt porta un toast au Congrès. Des chants, exécutés par le chœur des étudiants, suivirent les paroles fort applaudies du professeur.

M. Desor prit ensuite la parole et porta un toast à l'Université d'Upsal. Son discours eut beaucoup d'écho dans la réunion.

M. de Quatrefages parut aussi à la tribune. A peine avait-il été aperçu, que l'assemblée l'acclama avec un enthousiasme inexprimable, dont l'illustre orateur fut profondément ému. Après avoir témoigné sa reconnaissance pour la sympathie dont il était l'objet, M. de Quatrefages, dans un discours plein de délicatesse et de distinction, a rappelé les gloires des Suédois en général, et celles particulières à l'Université. Les noms de Linné et de Berzélius furent rappelés avec honneur.

L'accueil le plus favorable était réservé aux sentiments exprimés par M. de Quatrefages, qui descendit de la tribune au milieu des applaudissements les plus enthousiastes.

SIXIÈME SÉANCE.

M. Wirchow, président.

M. Hildebrand, secrétaire général, signale les ouvrages déposés sur le bureau et offerts au Congrès. Puis il trace l'itinéraire de l'excursion à Bjœrkœ.

M. Soldi voit de grands rapports de ressemblance entre l'âge de la pierre polie et l'âge du bronze en Suède. Il examine plusieurs haches en pierre, d'un travail exquis, qui lui ont été confiées par l'administration du musée de Stockholm. Il démontre qu'elles sont réellement des copies de haches en bronze.

Dans l'examen spécial d'une hache, il constate que, bien qu'elle soit en pierre, elle porte tous les caractères d'un objet qui a été fondu, coulé. Il remarque particulièrement la ligne de fonte. Pour lui, plusieurs instruments en pierre ne sont pas dans leur rôle et ne se ressemblent pas.

Ces types de bronze reproduits en pierre sont des motifs à ses yeux pour se demander si l'âge de la pierre en Suède ne se confond pas d'une manière intime avec l'âge du bronze. Les haches en pierre imitant les formes propres à l'âge du bronze se rattachent à la deuxième époque du bronze.

M. Hildebrand ne partage pas l'opinion de M. Soldi. Il défend l'existence distincte de la pierre en Suède. Il entre dans des détails relatifs à l'usage des instruments, très-curieux et d'un grand intérêt. Il indique en outre les faits, dont il faut tenir compte pour classer les objets et leur assigner une époque. Il fait remarquer que les haches qui sont l'objet de la discussion de M. Soldi n'ont jamais été rencontrées associées à des objets en bronze. Il pense que, dans certaines circonstances, la hache en pierre a été préférée au même instrument en bronze, en considération du poids du métal.

L'absence de ces haches en pierre, d'un travail si perfectionné, parmi les instruments en bronze, lui semble une raison pour leur conserver le rang qu'elles occupent dans l'âge de la pierre.

M. Franks reconnaît, dans les haches percées recueillies dans les cités lacustres de la Suisse, des instruments qui se rattachent à l'âge de la pierre polie. Il déclare que ces instruments perforés ont été au contraire en usage en Angleterre au commencement de l'âge du bronze. Ils sont toutefois en très-petit nombre. Du reste, la pierre et le bronze se trouvent mélangés.

Un instrument en bronze a été signalé; mais ce n'est à vrai dire que le bout d'une lance brisée, dans lequel on a pratiqué un trou. L'opinion du docteur Klemn, qui pense que le trou a été pratiqué à l'aide d'un cylindre en bronze, ne lui semble point pouvoir être soutenue.

M. Soldi ajoute de nouveaux détails pour défendre son système personnel. Les haches en pierre perforées lui paraissent des instruments impropres à l'usage. Les trous pratiqués ôtent de la solidité à l'instrument. De plus, il est impossible de ne pas voir que les coutures reproduites sur la pierre ont été imitées sur un instrument en bronze. Elles ne s'expliquent pas autrement.

M. Franks revient à la tribune. Il déclare que les haches en pierre perforées n'ont pu être copiées en Angleterre, car les mêmes formes en bronze n'y existent pas.

M. Desor demande s'il existe des haches en bronze semblables aux haches en pierre que l'on prétend avoir été copiées sur le bronze. Si ces types sont réellement connus, la question lui paraît tranchée dans le sens de M. Soldi.

M. Soldi trace sur le tableau une forme de hache en bronze dont le type est fort répandu, et qui lui semble avoir été le modèle des haches en pierre dont il s'est occupé devant le Congrès.

M. le baron Kurck affirme que la magnifique hache en pierre, d'un travail si parfait, qui fait l'admiration des membres du Congrès, appartient bien certainement à l'âge de la pierre. Il expose qu'il est autorisé à penser ainsi, parce que ces belles haches en pierre sont recueillies dans des localités où l'on ne rencontre point les traces de l'âge du bronze. Les archéologues, il est bon d'en faire l'observation, les rangent, à Copenhague et à Stockholm, parmi les instruments de l'âge de la pierre.

M. Hildebrand. — Il a été publié des travaux sur les rapports qui existent entre l'âge de bronze en Suède et en Hongrie. Cette dernière contrée devrait alors posséder les types les plus anciens. Néanmoins on constate le contraire ; car le poignard est plus ancien que l'épée. Cette dernière arme n'est que le poignard allongé. En Hongrie, les poignards sont rares et les épées communes. L'épée n'est pas toutefois d'origine scandinave. Il faut en chercher ailleurs la première invention : dans les civilisations de l'âge du bronze.

A ce moment, Sa Majesté le roi de Suède, accompagné de la reine, entre dans la salle du Congrès. Leurs Majestés sont accueillies avec enthousiasme et avec une sympathie vivement manifestée. Elles assistent aux discussions, qui se continuent immédiatement.

M. Hildebrand termine ses considérations sur les rapports de l'âge du bronze en Suède et en Hongrie. Il note encore d'autres différences. Ce sont les formes des fibules de l'âge de bronze, plus anciennes en Hongrie dans leurs formes que les fibules de la Scandinavie. Il conclut en déclarant qu'il ne faut point chercher l'origine du bronze en Suède ou en Hongrie, si l'on veut sortir du domaine des suppositions.

M. Lorange atteste l'existence de l'âge de bronze en Norwège. Jusqu'à présent on avait prétendu que l'âge de bronze ne se révélait aucunement en Norwège. Il a fait plusieurs découvertes qui lui ont donné un grand nombre d'objets appartenant à la seconde période du bronze. Il mentionne également des sculptures existant sur les rochers en plusieurs localités, et s'étendant jusqu'à Trondhjem.

M. Evans corrobore l'opinion de M. Hildebrand par des faits qu'il a constatés en Angleterre. Ce n'est point en Scandinavie ni en Hongrie qu'il faut chercher l'origine de la civilisation de l'âge du bronze. Il convient de donner aux recherches une autre direction.

En Angleterre, les épées en bronze manquent totalement. On y rencontre seulement des poignards très-petits qui semblent constituer les premières armes en usage à l'origine de l'âge du bronze. Les épées en bronze que l'on trouve en Angleterre sont invariablement emmanchées avec un autre métal. Enfin, M. Evans croit trouver dans l'exiguité de la poignée des épées hongroises l'explication du peu de largeur de la lame.

M. Hildebrand ne trouve point cette explication satisfaisante, car la poignée des épées hongroises n'est pas aussi petite que la poignée des épées suédoises.

M. le baron Kurck rappelle que les tumulus dans la Suède méridionale contiennent des épées en bronze. L'industrie du bronze paraît avoir progressé dans les pays où l'industrie de la pierre avait atteint ses plus hauts développements.

D'autres instruments ornés de spirales, qui caractérisent le premier âge du bronze, ont été également trouvés dans les provinces méridionales.

L'orateur se demande si l'on connaissait l'agriculture dans la première période du bronze. Les faits manquent, pour donner à cette question une solution affirmative. Le cheval paraît le seul animal domestique connu alors. On le trouve représenté sur les rasoirs et sur d'autres instruments. Des rochers et des instruments qui se rattachent à la même époque offrent des représentations de navires. Les objets en bronze de cette période n'ont donc pas été fabriqués sur place, mais apportés par la navigation. Evidemment, la civilisation de cette époque est arrivée par la mer. Il faut tenir compte de ce fait, pour en découvrir l'origine.

M. Montelius entretient le Congrès des sculptures qui existent sur les rochers, en Suède, dans le Bohuslæn. Les dessins de ces sculptures sont exposés par l'orateur dans la salle du Congrès. Depuis longtemps, il a été démontré par M. Hildebrand père que ces sculptures doivent être attribuées à l'époque du bronze, car elles représentent fréquemment les épées propres à cette époque. On y remarque aussi des spirales et d'autres marques caractéristiques de l'époque. La forme des épées rappelle aussi l'arme de l'âge du fer. Mais l'absence de signes runiques ne permet pas de les rattacher au dernier âge du fer.

M. Bruzélius communique un travail détaillé sur les sculptures observées sur des roches en Scanie. Ces sculptures, qu'il compare à celles qui ornent les monuments de Kivik et de Vilfara, lui paraissent avoir la même origine et la même date que ces dernières. Il les attribue les unes et les autres à l'âge du bronze.

M. Desor. — Ces sculptures pourraient bien appartenir à l'âge du bronze. Ce fait semble suffisamment démontré. Il faudrait pour jeter quelque lumière sur cette question, comparer ces sculptures avec celles des dolmens. Nous possédons, dit-il, de ces empreintes. Il signale en outre les pierres à écuelles qui existent en Suisse et qui offrent de l'analogie avec les sculptures observées sur les rochers en

Suède. Ces pierres à écuelles ont été l'objet de fausses interprétations parce qu'on a voulu y voir ce qui n'y existait pas en réalité. Mais l'existence de ces pierres à écuelles n'en constitue pas moins un fait très-intéressant. En rapprochant par la comparaison ces monuments de divers pays, il pourra en jaillir de nouvelles lumières. Les peuples, fait-il observer, ont souci de leur avenir, et, sous l'influence de cette préoccupation, ils ont fait ces sculptures, que nous cherchons à interpréter, parce qu'elles sont la preuve d'une civilisation déjà avancée.

M. Soldi expose devant le congrès son opinion concernant les instruments qui ont été employés pour tailler la pierre et la sculpter. Le bronze, selon son opinion, n'a pu être le métal employé, car il n'est pas assez dur, et l'on ne peut lui donner une trempe qui le rende susceptible d'attaquer le granit. Les sculptures trouvées en Scanie ont été certainement faites avec le silex ou le fer. Il est du reste facile, dit M. Soldi, de reconnaître par l'inspection des sculptures la nature de l'instrument qui a été employé. Il cite des monuments égyptiens sur lesquels on reconnaît parfaitement l'action du fer.

M. Hildebrand père monte à la tribune et fait savoir qu'il a rencontré dans la province de Norrland, sur des rochers, des sculptures qui ressemblent entièrement à celles qui existent en Scanie.

M. Hildebrand fils mentionne l'existence en Suède des pierres à écuelles qui se trouvent dans presque toutes les provinces. Ces pierres ont été aussi trouvées en Allemagne, dans les régions les plus différentes.

Ces antiques monuments sont encore des objets de vénération en Suède. Les habitants y déposent souvent des offrandes, pour obtenir la guérison des maladies dont ils sont affectés. Ils étaient dans l'antiquité regardés comme ayant une grande signification. Il est fait mention d'une pierre a écuelle qui se trouve en Islande. Elle doit être considérée comme l'œuvre de la colonie scandinave établie vers le dixième siècle de notre ère. C'est donc à l'âge du fer que ces monuments appartiennent. Cependant on peut supposer qu'il en existait avant cette époque.

La vénération dont les pierres à écuelles sont l'objet en Suède s'est aussi étendue à certaines excavations de grande étendue et profondes, dues à l'action des eaux sur les rochers. Ces cavités naturelles et artificielles sont indistinctement désignées sous le nom de « chaudrons des géants » et se rattachent au culte des fées.

M. Engelhardt revient à la question que M. le baron Kurck s'est posée, concernant les animaux domestiques à la fin de l'époque de la pierre et au commencement de l'âge du bronze. Il cite des faits démontrant que les habitants du Danemark, dans ces temps, possédaient à l'état de domestication le bœuf, le mouton, la chèvre et le cochon.

Pour ajouter aux développements qui ont été donnés à la question concernant les sculptures, l'orateur signale l'existence de deux autres sculptures sur des pierres de dolmens en Danemark. Elles ressemblent beaucoup aux sculptures trouvées en Suède. Comme ces dernières, elles représentent des roues et des navires.

M. Capellini occupe le fauteuil de la présidence.

M. Wirchow communique des dessins reproduisant des objets récemment découverts dans la province de Posen. Ces objets, en bronze, sont susceptibles de fournir de nouveaux éléments à la question relative aux relations commerciales à l'époque du bronze. Il reconnaît que l'on doit considérer ces bronzes comme originaires de l'Etrurie, qui aurait ainsi envoyé ses produits dans le Nord. On remarque particulièrement le dessin d'une ciste en bronze à côtes. Le travail a été fait au repoussé, comme les objets de la Certosa de Bologne. Il y a donc lieu de présumer, par ces données, la voie que le bronze a suivie pour pénétrer en Danemark.

Son Excellence M. Worsaæ déclare que, jusqu'à ce jour, le Danemark n'a rien donné de semblable aux trouvailles signalées par M. Wirchow. Les objets provenant de la province de Posen sont de date récente, et se rapportent à la dernière période de l'âge du bronze. M. Wirchow affirme que la Scandinavie recevait, par le commerce, les bronzes du midi à la fin de l'âge du bronze. Mais il n'en était pas de même au commencement de la même époque. La Scandinavie avait son industrie particulière avec des types qui lui sont exclusivement propres. Il rappelle que les peuples offrent à la même époque des degrés différents de civilisation.

M. Schaffhausen. — Le bronze a été peu fabriqué en Scandinavie dans la première période. L'orateur s'appuie sur l'opinion de M. Lindeschmit, qui ne veut point admettre dans les régions scandinaves de formes particulières au pays, dans le début du bronze. Toutefois, il constate des formes originales propres aux dixième et onzième siècles. L'industrie du bronze a fait des progrès plus rapides dans les provinces du nord de l'Europe soumises à la domination romaine. Les richesses que l'on admire dans la Scandinavie ont été importées après des guerres faites avec succès, comme butin et trophées. Cette importation a eu lieu en Allemagne et dans les régions voisines à une époque où déjà l'usage de déposer des objets précieux dans les tombeaux avait été abandonné.

M. Howorth trouve que la question concernant la marche du commerce du bronze peut trouver de très-utiles éléments de solution dans la recherche et la découverte des localités où les populations de l'âge du bronze prenaient l'étain. Il communique, à cette occasion, un rapport indiquant les mines de Cornouailles d'Espagne et de Pannonie.

Le savant archéologue entre dans plusieurs détails pratiques sur la manière dont on opérait la perforation des haches en pierre.

M. Evans, à l'occasion des procédés industriels préconisés par M. Howorth, mentionne les moyens expérimentés par M. Keller, qui prouvent qu'un cylindre en corne de bœuf a été l'instrument employé pour la perforation. Selon l'avis de l'orateur, un grand nombre des objets en bronze que l'on trouve en Suède sont l'œuvre d'une industrie indigène.

L'opinion de M. Lindeschmit lui paraît susceptible de discussion. Il croit que des époques diverses ont été confondues dans le travail de l'archéologue. Le sceau en bronze, présenté par M. Wirchow, composé de feuilles de bronze laminé, accuse une industrie perfectionnée qui n'était pas la même partout. La fabrication si intéressante du bronze, qui était laminé à l'aide de cylindres, était une industrie propre à une localité particulière. Les objets émanant de cette industrie, qui se trouvent en Scandinavie et dans le nord, ont été importés par le commerce.

M. Wirchow reprend la présidence de la séance.

M. Capellini lit devant le Congrès une communication de M. le comte Gozzadini, concernant les découvertes de Ronzano, en Italie. Les principaux objets sont un mors de cheval et une épée en bronze ainsi que le mors.

M. Desor présente une collection considérable de dessins représentant des parties du harnachement du cheval. Parmi ces dessins figurent les objets dont M. le comte Gozzadini a entretenu le Congrès. M. Desor a soigneusement étudié tous les objets servant comme harnais au cheval. Par des considérations fort intéressantes, il démontre l'importance des détails qui se rattachent à l'usage du cheval. Parmi les mors il en est qui sont ornés sur les montants de dessins représentant le cheval lui-même. Les Etrusques se servaient donc du cheval et ils attachaient un intérêt particulier à ce noble animal, puisqu'ils s'efforçaient d'orner ses harnais. Les mors dont M. Desor s'occupe ont été trouvés avec une épée à Bodzano. Cette arme offre de grands traits

de ressemblance avec les épées de la Scandinavie. Les objets
dont il fait mention ne sont pas le travail des Etrusques de
la grande époque. Ce sont les produits de Villanova, bien
différents de ceux dont M. Wirchow entretenait naguère le
congrès. On désigne ordinairement sous le nom d'étrusques,
des produits bien différents. Il conviendrait de trouver une
autre dénomination, afin de distinguer les deux éléments
étrusques. L'un, beaucoup plus ancien, de la grande époque,
se compose d'objets fabriqués sur place. L'autre, d'une
époque postérieure, ne fournit que des imitations.

M. Desor produit devant le Congrès le dessin d'un umbo
en bronze. Enfin, il parle d'un objet en terre cuite, dont on
avait recherché longtemps l'usage et qui n'est, aux yeux de
M. Desor, autre chose qu'un jouet d'enfant.

SEPTIÈME SÉANCE.

M. Francks, président.

M. de Quast reprend la question relative au bronze. Il entretient le congrès d'une découverte faite dans la Prusse. Les recherches opérées ont donné sur le même point divers objets en bronze, des diadèmes également en bronze et une ceinture en fer.

M. Engelhardt parle ensuite sur le même sujet. Il signale des vases en bronze ornés de filets d'or qui sont appliqués. Il considère ces vases comme ayant un usage sacré. Les parois sont minces, les dessins sont repoussés au marteau. Les ornements se composent de cercles concentriques, de zigzags et de différentes lignes.

Le Danemark possède aussi des vases plus petits en bronze, affectant la même forme et reproduisant le même travail. Les boucliers en bronze accusent la même industrie. Il mentionne aussi l'existence d'une plaque d'or fort mince qui recouvrait un bouclier en bronze.

L'orateur fait ressortir combien il importe de tenir compte de la différence qui existe entre les ornements repoussés et les ciselures. Il ajoute que les vases en bronze sont communs dans le Nord, tandis qu'ils sont rares dans le reste de l'Europe.

Ces vases sont certainement l'œuvre d'une industrie étrangère, venant des pays méridionaux. Mais sont-ils certainement et exclusivement étrusques? Il est difficile de résoudre la question pour le moment.

M. Evans lit un rapport très-détaillé sur la découverte de nombreux objets en bronze qui ont été trouvés dans l'île de Harty, en Angleterre. Tous ces objets ont été soigneusement recueillis et examinés. L'outillage se compose de moules destinés à couler des haches à douilles et des gouges. Ces moules sont d'une grande perfection et ils indiquent une industrie raisonnée.

Des instruments complets ont été également recueillis. Ce sont des haches, des couteaux, des gouges, des marteaux, des perçoirs et plusieurs autres instruments et objets en bronze. Du cuivre brut en morceaux accompagnait les objets déjà indiqués. De plus, un fragment d'une hache à douille en plomb ; et enfin un objet en pierre qui était évidemment destiné à aiguiser les instruments.

Le savant archéologue n'en doute pas, tous ces objets composaient l'outillage d'un fondeur de l'âge du bronze. Les matériaux réunis, les rebuts, les fragments, tout indique que l'endroit était le siége d'une fabrication.

L'examen attentif des objets et de l'outillage a fourni à M. Evans l'occasion de déduire les procédés de fabrication qui étaient en usage. Les tranchants des haches étaient travaillés au marteau pour donner plus de densité au métal, et après cette opération préalable, ils étaient aiguisés sur une pierre. La douille destinée à recevoir le manche était ménagée à l'aide d'un instrument en argile, préparé sur un modèle en plomb. Cette partie remplie par l'argile était ensuite évidée au moyen d'un instrument en bronze en forme de poinçon. Plusieurs de ces instruments ont été trouvés avec des objets dont M. Evans entretient le congrès. Les moules en argile ont aussi été remarqués dans des haches qui n'avaient pas encore été livrées à l'usage.

M. Franks fait connaître la nature, au point de vue chimique, de quatre instruments recueillis dans l'île de Chypre. Il compare aussi ces instruments avec d'autres, découverts par M. Schlieman. Il résulte des analyses qui ont été faites au Musée britannique par le docteur Walter Hight, que les objets trouvés dans l'île de Chypre sont au nombre de trois, composés de cuivre dans un état de pureté plus ou moins parfait. L'autre arme est en bronze.

L'analyse d'un objet provenant de la grande pyramide d'Egypte a donné du cuivre pur et une quantité minime de fer. Des haches en cuivre pur ont été trouvées à Gungeria, dans l'Inde centrale. L'orateur produit plusieurs des objets venant de cette intéressante découverte. D'autres objets, d'une incontestable antiquité, composés exclusivement de cuivre, sont énumérés, et M. Franks touche la question relative à l'emploi pendant un certain temps du cuivre pur. Faut-il admettre avec certains archéologues un âge du cuivre, ayant précédé l'époque du bronze ? L'orateur ne croit pas pouvoir l'affirmer d'une manière absolue, bien que l'usage du cuivre soit incontestable, comme les faits le démontrent surabondamment.

M. Franks descend de la tribune et continue de présider la séance.

M. Pigorini fait connaître une mesure prise par le gouvernement italien. Le congrès de Bologne ayant émis le vœu qu'une des terramares de la province de Parme fût conservée, le gouvernement a décrété que la terramare de Casaroldo serait conservée comme monument national.

Les terramares sont, comme le rappelle M. Pigorini, des gisements humains de l'âge du bronze. L'orateur n'entend parler ici que de celles qu'il a lui-même explorées, car il est hors de doute qu'il en existe de plus anciennes et de plus modernes.

Les terramares contenaient des instruments en bronze, en os, et des pesons en terre cuite. On remarque aussi dans les terramares des pieux implantés dans un terrain vierge. Mais néanmoins, il existe une autre couche, composée d'une masse homogène. Quelques fragments de poterie ont été remarqués, mais ils sont rares. La seconde couche ne contient plus de pieux, ou ces derniers sont très-rares et montent jusqu'à la dernière couche de la terramare.

M. Nilsson communique les impressions qu'il a éprouvées en visitant les objets trouvés dans l'île de Chypre et signalés par M. Evans. Dans un voyage qu'il fit à Londres après le congrès de Bruxelles, M. Nilsson a examiné les objets dont il est question. Il les considère comme d'origine phénicienne. Plusieurs de ces objets ont été analysés sur sa demande. L'analyse a donné seulement du cuivre, sans aucune trace d'étain.

M. le docteur Landberg a suivi les fouilles pratiquées dans l'île de Chypre. Il a pu étudier les faits, et regarde les objets recueillis comme appartenant à une industrie différente de l'art phénicien, qui ne se retrouve plus dans sa pureté. Ces objets se rattachent, selon lui, à un art qu'il appelle gréco-phénicien. L'orateur expose l'ensemble des preuves qui établissent son système.

Malgré l'abondance du fer parmi les populations sémitiques, l'emploi du bronze lui a été constamment préféré. Les Phéniciens se sont livrés au commerce du bronze, le fait est évident; mais malgré l'influence qu'ils ont pu exercer sur les relations commerciales, il ne les considère point comme ayant inauguré l'âge du bronze dans les pays septentrionaux. Le commerce phénicien a laissé des traces dans le bassin de la Mer Noire. Elles attestent des transactions importantes. Il paraît démontré que la voie du commerce passait à travers le continent russe en suivant le cours des fleuves. Cette question intéressante pourrait obtenir des archéologues russes des données propres à amener une solution satisfaisante.

M. Oppert considère comme se résumant dans la même question l'étain et le bronze. Les Phéniciens étendaient beaucoup leurs relations. Ils allaient en Espagne. Ils tiraient aussi leur étain des Cassitérides, dénomination ancienne des Îles Britanniques. Ils pouvaient tenir aisément la haute mer, car ils possédaient de grands navires qui leur permettaient de remonter facilement dans les mers du Nord. L'orateur ne pense pas que l'on puisse attribuer certains objets à l'art phénicien et d'autres à l'art gréco-phénicien. Les renseignements nous font défaut, nous ne pouvons pas prononcer d'une manière si absolue.

M. Nilsson, continue M. Oppert, ne s'est certainement pas trop avancé, en affirmant l'influence phénicienne. Les Phéniciens constituaient un grand peuple, nous leur devons la découverte si importante de l'alphabet. Mais sont-ils les premiers introducteurs de l'étain ? La question n'a pas été résolue encore.

L'orateur ne croit pas que l'on puisse séparer l'âge du bronze et du fer en Orient. C'est se montrer trop affirmatif en prétendant que le fer ne s'est pas rencontré dans les monuments antiques de l'Orient. Le fer est nommé dans la Bible avant le bronze. Il faut tenir compte de ce fait et ne pas séparer les deux âges du fer et du bronze, faisant une réserve pour les pays orientaux.

M. le docteur Hanny lit un mémoire de M. Aspelin, relatif à l'âge de pierre dans la Finlande. Cete province peut, au point de vue archéologique, être divisée en trois régions. La partie comprenant la Finlande et la Carélie russe, située à l'ouest du lac Bréga ; la portion de la Baltique lithuanienne, et enfin la région finnoise orientale. L'auteur de la communication fait un travail de comparaison entre l'âge de la pierre en Finlande et dans la Scandinavie, dont il reconnaît l'influence sur l'industrie de la région finlandaise. Il cite des objets en schiste, des couteaux recourbés en demi-lune, des haches fort petites dont le tranchant n'est pas arrondi, enfin des haches percées d'un trou pour recevoir le manche. Il trouve dans la comparaison de ces objets de nombreuses différences à noter.

M. Worsaæ n'admet pas toutes les conclusions tirées par M. Aspelin, au sujet de l'influence des pays scandinaves sur l'industrie de la pierre dans la région finlandaise.

M. Desor se préoccupe des relations qui auraient existé dans les temps anciens, en Russie, entre l'industrie du bronze dans cette région et l'industrie de la même époque dans la Scandinavie, et il provoque des renseignements sur cette question.

S. Exc. M. Worsaæ affirme qu'il n'existe aucun rapport entre l'industrie du bronze, d'origine asiatique, et l'industrie du bronze dans la partie septentrionale de la Scandinavie.

M. Lerch parle dans le sens de M. Worsaæ, dont il partage l'opinion, en l'appuyant sur des faits.

M. le comte de Saporta fait au Congrès une communication fort intéressante sur le climat de l'époque quaternaire. La durée complète de l'époque quaternaire n'a pas toujours vu régner le même climat. On a cherché à trouver dans l'étude de la faune quaternaire des révélations sur le climat. La flore peut donner de pareilles indications.

J'ai, dit l'orateur, trouvé le figuier dans un tuf quaternaire. Les figues et les feuilles du figuier étaient faciles à reconnaître. Personne ne l'ignore, il existe un grand nombre de variétés de figuier. Il en existe au Japon, en Chine, dans les environs de la mer Caspienne. Le figuier européen fait partie d'un groupe spécial. En outre, il est important de le noter, le figuier cultivé par l'homme a considérablement varié. Parmi toutes ces variétés, quel est le figuier qui se rapproche le plus de l'espèce fossile qui existe dans les tufs de Moret et de la vallée de la Seine? C'est le figuier du

Kurdistan. Le figuier quaternaire vivait dans un climat tempéré. La figue fossile était petite.

Enfin la présence de l'arbre de Judée à Fontainebleau, l'existence du *ficus carica* dans la même vallée, autorisent à conclure au point de vue botanique que le climat à l'époque quaternaire, dans la partie occidentale de l'Europe, était très-tempéré et très-humide en même temps.

M. Dupont partage entièrement les opinions de M. de Saporta. Il a étudié les restes des animaux dans les cavernes quaternaires de la Belgique, et il a fait les mêmes constatations.

M. Desor soumet à l'examen des membres du Congrès des vues photographiques reproduisant d'anciens pilotages du lac de Bienne. Les travaux d'art ont été mis à nu par un abaissement extraordinaire du niveau des eaux.

EXCURSION A L'ILE DE BJŒRKŒ.

Le jeudi 13, dans la matinée, les membres du Congrès se rendaient sur le quai de Ridharus, où trois bateaux à vapeur les attendaient pour l'excursion de Bjœrkœ. Le voyage devait s'effectuer en suivant le lac Malar qui offre une si belle et si attrayante navigation. Les rives du lac sont ornées de gracieuses habitations pavoisées et décorées merveilleusement pour la circonstance. Les îles qui parsèment le Malar coupent agréablement l'horizon et varient le site, dont le charme se renouvelle sans cesse.

A une certaine distance, le yacht royal se sépara des autres bateaux pour aller prendre le Roi à Drotingholm. Sa Majesté est venue ensuite reprendre les membres du Congrès, pour les conduire à l'île qui était le but principal de l'excursion. Dès que les bateaux eurent abordé, le congrès se divisa en deux courants. Les uns, à la suite du Roi, se rendirent dans l'emplacement d'une nécropole où M. Stolpe fit une lecture fort intéressante sur les résultats des recherches opérées dans la terre noire. Les autres se dirigèrent au pied du monument élevé sur le lieu où le christianisme fut prêché pour la première fois en Suède.

La ville de Birka, dont les ruines viennent d'être explorées, a été fondée vers le septième siècle et détruite vers la fin du dixième siècle. Sa destruction est attribuée à des pirates de la basse Baltique.

Un champ d'une assez vaste étendue s'étend au pied d'une

colline, plus particulièrement désignée aujourd'hui sous le nom de terre noire ; il portait aussi le nom de station ou champ de la ville. Ces dénominations le signalaient à l'attention des archéologues. Les objets en très-grand nombre qui ont été recueillis, affirment la civilisation du dernier âge du fer. L'industrie s'y trouve représentée par une quantité considérable d'instruments variés par leur forme, leur destination et leur nature. Les archéologues suédois, toujours animés d'une persévérance et d'une attention remarquables, n'ont rien négligé. Nous ne pouvons ici faire l'inventaire des objets découverts, malgré tout l'intérêt qu'ils offrent.

La faune du pays, reconstituée par les soins et les études de M. Stolpe, se compose d'une variété considérable d'animaux dont un certain nombre ont dû être assurément apportés des pays étrangers.

Les restes si intéressants de l'antique cité ne sont pas tous connus encore ; les explorations seront continuées dans la suite.

Un peu au-dessus de la terre noire, emplacement de la ville de Birka, se trouve une vaste enceinte dont on peut facilement suivre les contours. C'est encore là un vaste champ de recherche.

L'intérêt archéologique de cette visite est incontestable. Mais il était difficile de se bien rendre compte en si peu de temps. Toutefois il est un fait qui n'a échappé à personne, c'est la présence du Roi, confondu avec les visiteurs, s'entretenant des fouilles avec les archéologues et donnant des explications auprès des tranchées avec une bienveillance dont le souvenir vivra dans le cœur de tous ceux qui en ont été les témoins.

Après cette visite trop courte, mais encore abrégée cependant par le mauvais temps, le congrès s'est dirigé, toujours en suivant le lac, vers Gripsholm.

Le château de Gripsholm est une antique résidence royale

d'une grande célébrité. Il a été le témoin des vicissitudes de la fortune auxquelles furent soumis le roi Eric XIV et Jean III. Quelques drames historiques y ont trouvé leur dénouement. On y visite avec intérêt des appartements qui avaient servi de prison à de royaux personnages. Ce fut dans ce palais que Gustave-Adolphe se prépara, après sa chute, à prendre le chemin de l'exil.

Maintenant Gripsholm n'est plus une résidence royale, c'est une sorte de musée fort intéressant au point de vue de l'histoire de la Suède.

Les soins d'une hospitalité pleine d'attention avaient fait préparer un dîner auprès du palais, à l'abri des arbres remarquables qui ornent le parc.

A la chute du jour, les membres du congrès se rendaient sur les bords du Malar pour reprendre leur marche vers Stockholm. A peine les embarcations avaient-elles parcouru quelques kilomètres, qu'on aperçut les rives du magnifique lac illuminées de la manière la plus variée. Des détonations se faisaient entendre presque sur tous les points. C'était un enthousiasme général. La journée avait été admirable, elle était tout à la fois un jour d'étude et une fête du meilleur caractère.

HUITIÈME SÉANCE.

Le vendredi 14 août à 10 heures du matin, le Congrès, sous la présidence de M. de Quatrefages, reprenait ses travaux.

Au début de la séance, M. Hans Hildebrand, secrétaire général du Congrès, mentionne rapidement les missives adressées au Congrès, et les divers ouvrages qui lui sont envoyés.

M. Hagemans, président de l'Académie d'archéologie de Bruxelles, déclare que la communication si intéressante que M. de Saporta a faite dans la séance précédente, touchant la température probable de l'époque quaternaire, lui a rappelé un fait important observé par lui, et tout à fait digne de mention. M. Félicien Rapes, en faisant exécuter des travaux à Mozie, dans la province de Namur (Belgique), a trouvé, à plusieurs mètres de profondeur, un cep de vigne sauvage qui était accompagné d'un vase de couleur gris foncé et formé d'une terre grossièrement travaillée. Le spécimen de vigne ainsi trouvé est de l'espèce *vitis labrusca*. C'est un fait bien connu, la vigne a cessé de croître dans la région où le cep a été trouvé. Il y a donc lieu de supposer un changement opéré dans la température.

Après ces observations qui viennent confirmer les conclusions de M. de Saporta, M. Hagemans entretient le Congrès des dolmens qui se trouvent en Belgique. Ces monuments,

dit-il, y sont peu nombreux; les tumuli, au contraire, sont
en nombre considérable. Sur plusieurs points de la Belgique,
les archéologues ont remarqué la présence du bronze et de
l'ambre. L'orateur pense que ces substances ont été apportées
par le commerce phénicien. On rencontre effectivement sur
le sol belge des vestiges du passage des Phéniciens. Plusieurs
localités, par leurs dénominations, désignent des lieux con-
sacrés au culte de Bael ou Baal. L'orateur présente des
considérations pleines d'intérêt au point de vue de l'éty-
mologie ; nous regrettons de ne pouvoir les reproduire ici.

M. Ernest Chantre, attaché au musée de Lyon, entretient
le Congrès de l'âge du bronze en France. Il s'applique
particulièrement à l'industrie de cette époque dans le bassin
du Rhône. L'âge du bronze s'affirme en France où il a laissé
des traces bien évidentes, et on ne serait pas plus autorisé à
douter de son existence que dans les autres pays. Il affecte
même deux nuances qui autorisent à le partager en deux
périodes ou en deux âges.

La première époque du bronze se particularise spécialement dans les objets trouvés dans les trésors. Ces gisements
ont été généralement constatés dans le voisinage des cols des
Alpes. Les objets formant les dépôts qu'on a coutume d'appeler trésors, n'ont point été mis en usage, ils sont complètement neufs. M. Chantre voit dans cette particularité, des
motifs pour considérer cet outillage comme ayant été importé
de l'Italie; selon lui, ces pièces de bronze ne seraient point
des produits de l'industrie indigène, il les considère comme
de provenance italienne. Le trésor de Réalon, dont il a été
souvent parlé, caractérise cette première phase du bronze.

Le second âge du bronze en France, au point de vue de
l'industrie indigène, se trouve représenté d'une manière
bien accentuée dans les palafittes du Bourget et dans les
ateliers répandus dans différentes localités des bords du
Rhône, dans l'Isère et dans le Jura. Ce dernier pays, par la

fonderie de Larnaud, caractérise tout particulièrement la seconde époque du bronze. Il est impossible de n'y pas reconnaître les preuves d'une industrie indigène ; car l'outillage du fondeur s'y rencontre et on y voit également un ensemble très-remarquable et plein d'intérêt d'outils et d'objets très-variés.

Un splendide album, composé d'un nombre fort important de planches représentant de nombreux dessins des pièces de bronze provenant de la France, est soumis à l'examen du Congrès par M. Chantre. Le zélé archéologue a fait un remarquable travail de comparaison entre les ustensiles en bronze des bords du Rhône avec les pièces similaires de provenance scandinave. Il a constaté de nombreux rapports qu'il signale avec un grand intérêt.

M. Bertrand déclare que les dénominations de premier et de second âge du bronze, employées par M. Chantre, revêtent un caractère trop absolu. Le savant archéologue démontre que, dans les Gaules, le premier âge du fer se confond fréquemment avec l'âge du bronze. Il opine énergiquement pour faire abandonner ces expressions de premier et de second âge du bronze, cette division ne répondant à rien selon l'opinion qu'il s'efforce de faire prévaloir. Son sentiment se présente escorté de preuves nombreuses, que l'illustre directeur tire de l'examen de l'âge du bronze dans les diverses régions de l'Europe, qu'il passe successivement en revue. Des citations nombreuses, empruntées à un grand nombre d'auteurs de l'antiquité, répandent un grand intérêt sur la question, et mettent brillamment en relief l'érudition de l'orateur. M. Bertrand, pour éviter l'écueil contre lequel M. Chantre est venu se heurter, voudrait qu'on indiquât des groupes particuliers de l'industrie du bronze.

M. Hans Hildebrand combat les conclusions de M. Bertrand. Les deux âges du bronze sont parfaitement distincts en Suède, où personne n'hésite à les admettre. Néanmoins,

les deux âges ne sont pas tranchés d'une manière brusque ;
ils sont réunis par une nuance intermédiaire et, comme il le
déclare positivement, on trouve constamment des formes
particulières à la transition.

M. Evans partage la manière de voir de M. Bertrand sur
les inconvénients qui résultent de l'emploi de ces expressions, premier âge et second âge du bronze. Ces dénominations, qui établissent des divisions d'un caractère si absolu,
ne s'appliquent pas avec la même exactitude à l'industrie de
tous les pays. Il ne faudrait donc pas séparer trop nettement
les différentes périodes de l'âge du bronze. Les phases diverses de l'industrie du bronze seraient plus heureusement
désignées par ces expressions de commencement, de milieu
et de fin des différentes époques archéologiques. Ces différents âges se nuancent et s'harmonisent comme les différentes couleurs de l'arc-en-ciel qui se fondent graduellement
sans qu'il y ait de transitions brusques.

M. Desor entretient le Congrès sur le même sujet. La
communication de M. Chantre mérite aux yeux de l'orateur
une grande attention. Le travail qui a été présenté a une
incontestable valeur, et les bons résultats dus à l'initiative
privée ne sont pas moins dignes d'approbation que les
œuvres qui se produisent sous le patronage officiel.

On affirme que l'âge du bronze n'existe pas. Il en est ainsi,
si l'on veut considérer les choses d'une manière rigoureuse.
Evidemment l'âge du bronze, l'âge du fer, n'aparaissent pas
ici sous le même aspect que dans nos pays. Néanmoins il
faut bien admettre qu'il existe de grandes règles qui ont été
suivies par la civilisation. Il y a lieu de constater, comme
M. Chantre, que certaines formes, certains ornements, se
sont succédé d'une manière régulière et qu'ils indiquent
ainsi les transformations opérées dans l'industrie du bronze.
Ces développements, qui caractérisent des périodes dans
l'industrie, ont été désignés sous le nom d'âges ; certaine-

ment il ne peut être question d'une époque chronologique. L'expression peut être critiquée comme inexacte, mais le fait qu'elle exprime n'en existe pas moins réellement. Si le mot manque d'exactitude, il faut en chercher un meilleur, plus heureux, sans que la réalité des faits puisse en souffrir.

M. de Quast. — La classification et les divisions qui sont aujourd'hui l'objet de l'attention du Congrès ont pris naissance dans le nord, en Danemark particulièrement ; c'est de là que nous viennent ces dénominations d'âge de la pierre, du bronze et du fer. Ces classifications sont très-appropriées pour les pays qui les ont adoptées ; mais l'Europe est grande et ces divisions ne s'appliquent pas aussi bien aux autres contrées. L'orateur pense, comme M. Bertrand, que les différences observées dans les diverses civilisations ne comportent pas l'emploi des classifications généralement en usage, et qu'elles ne pourraient être adoptées uniformément pour toutes les contrées.

M. Vorsaæ. — M. Bertrand refuse d'admettre l'existence d'un âge du bronze en France. Il ne veut admettre l'industrie du bronze qu'à l'état de mélange avec une autre industrie. Cependant, il y a eu un âge du bronze en Angleterre, en Italie, en Allemagne : pourquoi n'aurait-il pas existé également en France ? Il y a vingt ans, continue l'orateur, j'étais en France ; alors personne ne soupçonnait l'existence de l'âge de pierre ; cependant aujourd'hui cette période est admise, et M. Bertrand lui-même a proposé des subdivisions de cette époque. Il y a lieu d'espérer que les travaux persévérants des archéologues trouveront dans la France des preuves de l'existence de cet âge, qui sera susceptible d'être subdivisé, comme dans les autres parties de l'Europe.

L'âge du bronze existe très-certainement en Grèce, malgré l'opinion contraire de M. Bertrand. Le musée de Copenhague renferme une importante collection d'objets en bronze, provenant de la Grèce. Au nombre de ces objets, il s'en trouve plusieurs qui présentent des analogies avec les objets ayant la même destination qui ont été trouvés dans la Scandinavie.

M. Worsaæ partage l'opinion de M. Bertrand sur l'origine de l'industrie du bronze. Elle nous vient de l'Asie-Mineure. De cette région elle passa en Grèce ; de la Grèce elle parvint en Italie, et de là en France et en Angleterre. Un courant se dirigea de la Grèce en Hongrie.

Il existe dans les pays du Nord de très-grandes différences entre le commencement et la fin de l'âge du bronze. On peut en dire autant de l'âge du fer.

Enfin M. Worsaæ déclare qu'il est impossible de ne pas admettre deux époques de l'âge du bronze en Scandinavié. Cette division en deux périodes, s'opérant dans les faits euxmêmes, s'impose impérieusement. Les nuances ne sont peut-être pas aussi tranchées en France, parce que l'âge du bronze n'y a pas duré aussi longtemps que dans les pays scandinaves.

M. Perrin. — Les palafittes de plusieurs lacs de la Savoie, et particulièrement les palafittes du lac du Bourget ont été largement explorées par l'orateur. Les résultats de ces recherches si considérables ont été abondants dans les diverses stations. Il a été recueilli des moules en pierre et d'autres en terre cuite. En outre des objets nombreux, destinés à des usages différents, ont été découverts en abondance. Cet outillage si complet atteste et démontre avec une autorité incontestable que l'âge du bronze avait pris dans le bassin du Rhône des proportions remarquables. Dans ce développement si bien accusé, les observations faites sur les objets obligent à reconnaître deux nuances particulières, constituant deux phases bien distinctes, dont il faut tenir compte, et qui méritent incontestablement d'être indiquées.

Les objets en fer, ou plutôt les fragments d'instruments en fer qui ont été trouvés dans les palafittes n'ont pas certainement la même origine que les objets en bronze. On ne saurait les attribuer aux populations qui habitaient les palafittes, sans tomber dans une erreur manifeste.

M. Leemans, directeur des musées royaux d'archéologie et d'ethnographie de Leyde, déclare que les divisions qui ont été établies pour désigner les différentes époques archéologiques en Scandinavie lui paraissent très-admissibles, et il les adopte certainement. Toutefois il ne lui a pas été possible de les appliquer à la Hollande. Les études qu'il a faites des antiquités néerlandaises ne paraissent pouvoir être rangées que dans cet ordre : antiquités du moyen âge, romaines, pré-romaines ou paléolithiques.

L'âge de la pierre et celui du bronze paraissent contemporains. L'orateur a trouvé un canot semblable à ceux de la Suède. Auprès du canot se trouvaient une hache en diorite et un ciseau en bronze. On a observé des foyers entourés de pierres superposées, et au-dessous du foyer des ébauches de haches et de flèches. Ces instruments pouvaient être des amulettes.

M. Bertrand explique qu'il n'a pas entendu contester l'existence d'un âge du bronze pur dans le Nord. Il le regarde, au contraire, comme bien caractérisé et comme s'étant prolongé pendant un temps considérable.

Pour ces considérations, il ne voudrait pas que l'on confondît cet âge avec ce que l'on est convenu d'appeler l'âge du bronze en Italie. Dans ce dernier pays, les objets en bronze sont rares et ne se rencontrent qu'en petite quantité dans les Terramares. Il n'y a pas eu, en réalité, d'âge du bronze en Italie et en Gaule. A l'époque où les druides civilisaient les Gaules, le fer y était en usage et il en était de même en Italie.

M. Hermelin entretient le Congrès des monuments préhistoriques qui se trouvent dans les contrées de la Suède qui avoisinent le lac Malar. Il compare les groupes formés par ces monuments à des paroisses, et il fait remarquer que les tombeaux de ces anciennes époques se rencontrent particulièrement dans les lieux où la terre est plus fertile. Il pense que les populations de l'âge de pierre ont laissé aussi des traces de leur présence : ce sont des tumuli de petite dimension, entourés d'un cordon de pierres. Le sol suédois, toujours dans les mêmes contrées, offre également des cercles formés de pierre, des enceintes triangulaires, et quelquefois, au milieu d'enceintes carrées et rectangulaires, on remarque au centre une pierre évidemment placée avec intention. L'orateur a dressé une carte topographique des monuments situés dans les régions voisines du lac. Les monuments runiques, les antiquités de la région, sont signalés sur la carte par des signes de couleurs variées.

M. Montelius adresse une communication relative à l'âge du bronze dans la Suède. Les objets se rattachant à cette époque, qui ont été recueillis jusqu'à ce moment, s'élèvent au nombre de deux mille cinq cents. Ces bronzes ne se trouvent pas dans la même proportion dans le pays. Ainsi dans la Scanie, où les pierres travaillées sont en si grande quantité, les objets en bronze recueillis s'élèvent seulement au nombre de cinq cents. Dans les autres contrées qui s'étendent jusqu'au lac Malar, le nombre en est beaucoup plus considérable. Parmi les objets en bronze qui ont été découverts, M. Montelius cite un celt de bronze à douille.

L'orateur s'est appliqué à chercher les rapports qui existent entre les objets en bronze de la Suède et les pièces analogues trouvées dans les autres contrées. Il a remarqué un glaive offrant une grande ressemblance avec un autre glaive trouvé à Lyon et représenté dans le magnifique album communiqué par M. Chantre dans la séance. Enfin un celt présente une grande analogie avec les celts qui ont été trouvés en Sibérie.

M. Ernest Chantre monte à la tribune et propose un projet de légende internationale qu'il a élaboré pour servir à dresser les cartes d'archéologie préhistorique. Déjà pareille proposition avait été faite au Congrès de Bologne par M. Przezdzieki. Mais la mort de l'auteur de cette proposition a empêché la commission qui devait l'étudier de se réunir, et le projet a été abandonné. En dressant la carte d'une portion du bassin du Rhône, M. Chantre s'est inspiré des travaux semblables précédemment publiés. Ces travaux ont été résumés dans un ouvrage offert au Congrès. Il propose de reprendre le projet présenté au Congrès de Bologne et demande qu'il soit créé une commission chargée de l'examen de sa proposition. La demande de M. Chantre est accueillie avec faveur, à cause de l'intérêt incontestable qu'elle revêt ; et il est décidé qu'une commission sera instituée prochainement.

M. Dupont s'occupe de la question intéressante de l'origine des animaux domestiques dans les époques préhistoriques. Quels étaient les animaux domestiques dans l'âge de pierre ? Comment peut-on déterminer l'état d'un animal domestique à l'époque de la pierre ? Ces questions sont pleines de difficultés ; il importe que tous les archéologues réunissent les données qu'ils possèdent pour trouver les solutions. A l'époque quaternaire, le cheval était abondant et d'origine indigène. Il jouait un grand rôle au point de vue de l'alimentation de l'homme à l'époque de la pierre taillée. Dans la période de la pierre polie, le cheval a disparu. Il est aussi fort rare dans les cités lacustres de l'âge de la pierre. Le cheval actuel ne serait donc pas le descendant du cheval indigène des temps préhistoriques, mais un produit de l'importation.

M. Desor regarde la question proposée par M. Dupont comme étant d'une haute importance. La Suisse offre des éléments précieux pour assurer des résultats aux recherches proposées. La série des animaux domestiques dont les traces ont été retrouvées dans les grottes explorées, est très-considérable. A une époque fort rapprochée, on a découvert dans les environs de Schaffouse des ossements d'animaux domestiques, mélangés avec des restes de l'industrie paléolithique. Les palafittes de la Suisse, appartenant à l'époque néolithique, ne permettent point de méconnaître l'existence des animaux domestiqués dont les traces ont été bien constatées. Si M. Steenstrup a pu formuler des doutes sur la domestication de certains animaux dont les ossements ont été retrouvés, ces doutes, nous ne pouvons les partager en ce qui concerne la Suisse, car nous avons retrouvé le fumier provenant des animaux.

M. Joseph de Baye expose, dans un mémoire, que les cent vingt grottes composant les stations du Petit-Morin, qu'il a explorées, comptaient sept grottes ornées de sculptures. Trois cavernes, situées à Villevenard, portent des reliefs représentant une hache complète, c'est-à-dire le silex, la gaîne et le manche. On retrouve l'instrument préparé pour l'usage. Ces sculptures n'ont rien de commun avec celles de Gavr'Inis. La forme même des haches diffère essentiellement. Il est évident que le sculpteur a voulu représenter la hache telle qu'elle se retrouve dans les grottes.

Un des groupes de Courjeonnet compte aussi une grotte à sculpture. On y remarque une figure très-incorrecte dont les organes principaux sont à peine indiqués. Cependant il est facile de voir que l'artiste a voulu reproduire avec plus ou moins de bonheur les traits d'un être humain.

La partie inférieure de ce sujet porte une hache. Est-ce avec intention que les deux sujets sont réunis? Est-ce après avoir abandonné l'idée de conserver la première sculpture, que la hache a été représentée ? Il paraît probable que les deux objets avaient un rôle prévu, et qu'ils se complètent mutuellement. Deux grottes du groupe de Coizard renferment aussi des sculptures. Ce sont des haches complètes et un instrument encore inconnu. Ce qui attire le plus l'attention, ce sont deux figures représentant une femme. Il y a lieu de croire que c'est l'image d'une divinité féminine. L'attention découvre des traits de similitude avec des divinités célèbres. Tout le monde sait combien les divinités représentées sous la figure d'un oiseau étaient nombreuses en Orient.

L'authenticité de ces sculptures a été reconnue par des hommes dont la science fait autorité. Elles appartiennent à l'époque de la pierre polie. De nombreuses questions se présentent relativement à ces sculptures. M. de Baye les soumet au Congrès.

M. Soldi refuse d'admettre qu'elles aient pu être exécutées avec le silex, qui n'est pas susceptible d'entamer le porphyre et les autres roches dures.

M. de Baye fait observer que les cavernes de la Marne sont pratiquées dans la craie, que le silex attaque très-facilement.

M. Cazalis de Fondouce demande à M. de Baye si toutes les grottes contenant les sculptures n'avaient jamais été visitées avant lui.

M. de Baye rappelle que rien à l'extérieur n'indiquait l'existence de ces grottes, que les entrées étaient parfaitement remplies et qu'elles n'avaient certainement pas été fréquentées postérieurement à l'époque de la pierre polie à laquelle elles appartiennent. Il invoque le témoignage d'archéologues distingués qui ont pénétré avec lui pour la première fois dans ces grottes.

M. le baron Kurk présente une brève observation relativement au nom de *province suédoise* que M. Hildebrand a donné, au Congrès de Bruxelles, à la province archéologique qu'il voulait créer pour désigner la partie septentrionale de l'Europe.

M. Hildebrand déclare qu'il a employé le nom de province suédoise comme étant le plus court.

M. le baron Kurk répond qu'alors il fallait dire *province Danoise*, l'expression étant aussi concise et plus conforme à la vérité.

NEUVIÈME SÉANCE.

M. Bogdanow, président.

M. le secrétaire général signale les ouvrages déposés sur le bureau et offerts au congrès.

M. Vedel entretient l'Assemblée de l'âge du fer dans les pays scandinaves. Il a été trouvé dans l'île de Bornholm, une quantité considérable de sculptures. Le nombre s'élève à plusieurs mille. Elles appartiennent à l'âge du fer. L'art qui s'affirme dans ces sculptures est antérieur à l'influence romaine. Il s'est développé en dehors de tout contact avec la civilisation du grand peuple. Les formes de ces sculptures présentent les phases diverses d'une transition graduée. La même transition se rencontre dans l'ensemble des instruments, des objets recueillis. On en peut constater les modifications successives à l'époque du bronze et les suivre jusque dans l'âge du fer. Cette particularité autorise l'orateur à considérer l'introduction et l'emploi du fer comme l'œuvre d'un peuple nouveau qui serait venu s'établir dans l'île. Il est porté aussi à croire que le même fait s'est produit dans les autres régions de la Scandinavie. L'usage du fer s'y est introduit et développé sans le concours de la civilisation romaine et bien longtemps avant que son contact ait pu exercer une influence. La population indigène se serait ainsi enrichie d'un élément de progrès par l'emploi du fer, sans qu'un peuple nouveau l'eût pénétrée et modifiée.

M. Regnault lit un travail relatif à l'âge du bronze en Hongrie. Des sépultures ont été explorées. Certains gisements de l'âge du bronze du groupe Finno-Hongrien ont donné des ossements de chevaux et de chiens qui se trouvaient en contact avec les objets en bronze. Le mémoire fait observer que les objets appartenant à l'âge du fer reproduisent les formes des instruments de l'âge du bronze.

M. Wirchow porte à la connaissance du Congrès des faits qui ont été constatés en Poméranie où on a trouvé beaucoup d'objets offrant des caractères frappants d'analogie avec les instruments qui ont été trouvés dans les terres noires de Bjorko visitées la veille. Les poteries sont tout particulièrement dignes de mention. L'analogie est frappante. Les palafittes de la Poméranie et du Brandebourg donnent des objets également semblables. On doit supposer un grand laps de temps entre nos palafittes et celles de la Suisse. Il y a lieu de conclure qu'il y avait aussi des palafittes dans la localité visitée hier à Bjœrkœ ; en effet on y retrouve des enceintes de circonvallation. Dans notre pays, comme à Bjorko, on a recueilli des monnaies orientales et arabes. Nous avons aussi la terre noire, qui indique les mêmes habitudes. Toutefois nous avons des objets qui précisent mieux l'époque. Des vases contenant des monnaies anglo-saxonnes du VIIIe au XIe siècle ont été trouvés. Il y a donc lieu de conclure que la station visitée la veille ressemble à d'autres stations qui se trouvent en Poméranie.

M. le docteur Dirks, président de la société frisonne, entretient le congrès d'une communication très-intéressante sur les objets trouvés dans les dolmens et dans les tertres du pays des Frisons.

M. Cazalis de Fondouce monte à la tribune pour combattre l'opinion émise par MM. de Mortillet et Cartailhac au congrès de Bruxelles, relative à l'existence d'un hiatus entre l'âge du renne et l'époque néolithique. L'orateur, groupant les motifs invoqués par les partisans de l'hiatus et ceux qui refusent de l'admettre, les considère sous le triple aspect de l'anthropologie, de la géologie et de la paléontologie.

Après avoir épuisé son sujet, M. Cazalis présente des observations concernant l'âge du bronze en France. Il reconnaît qu'il est difficile de bien discerner l'âge du bronze dans la partie méridionale de la France. Néanmoins il signale des faits qui affirment, de manière à n'en point douter, l'industrie du bronze qui ne revêt point toutefois un caractère de pureté absolu.

Enfin il répond à une question posée par M. Dupont, concernant les moyens de reconnaître les animaux soumis à la domestication à l'époque de la pierre polie. Il a trouvé l'os maxillaire d'un mouton, portant les traces d'une espèce de mors qui a laissé des traces d'usure, et il a donné un dessin de l'os dans une publication sur des grottes qu'il a explorées dans le Midi.

M. Pigorini s'étonne que M. Bertrand ait affirmé qu'on ne trouve point l'âge de bronze bien caractérisé dans les terramares de l'Italie. Il ne peut partager l'opinion de M. Bertrand. Il existe dans les environs de Parme des terramares en très-grand nombre.

Les couches les plus anciennes et les plus profondes recèlent des objets en bronze, quelquefois des instruments en pierre en petite quantité ; mais jamais l'existence du fer n'a été constatée. C'est seulement dans les couches supérieures qu'on a trouvé ce métal.

M. Soldi fait observer que l'on ne saurait rien conclure de l'absence du fer, qui a pu être décomposé, puisqu'il est plus attaquable que le bronze et susceptible d'être détruit par une prompte oxydation, contrairement au bronze, qui se conserve très-bien.

M. Pigorini affirme que les terramares sont explorées avec un soin minutieux et que la moindre trace du fer n'aurait pu échapper aux recherches attentives des explorateurs. Du reste il a été trouvé des objets en bois et d'autres instruments plus accessibles encore à la destruction que le fer lui-même.

M. Schaffhausen présente le dessin d'un anneau portant une inscription runique. Les caractères runiques sont mélangés de lettres latines ; l'anneau a été trouvé sur les bords du Rhin, à Bonn. Cet objet appartient au VIIIe siècle selon l'appréciation de l'orateur. M. Dietrik de Marbourg a expressément considéré l'inscription comme runique.

L'orateur profite de sa présence à la tribune pour compléter les renseignements qu'il a précédemment donnés sur les monuments mégalithiques de l'Allemagne. Les rois étaient anciennement élus et proclamés sur des pierres. Cependant il existe des monuments mégalithiques qui contiennent des ossements humains. M. Schaffhausen a trouvé un crâne ancien dolichocéphale du type germanique. Les cuillers trouvées en Allemagne et se rattachant à l'époque des dolmens autorisent, par leur dimension, à conclure qu'à cette époque la bouche humaine était plus grande.

M. Zawisza communique un mémoire plein d'intérêt et très-abondant en faits, sur les stations de la période néolithique qu'il a explorées dans le voisinage de Cracovie. C'est par l'âge de la pierre polie que les temps préhistoriques commencent en Pologne. La caverne de Wiezzchow, qui se trouve dans une vallée proche de celle où a été découverte la grotte du Mammouth, est la plus riche. Dans cette grotte, aucune trace d'animaux domestiques, mais on a recueilli des ossements d'animaux de l'époque quaternaire mêlés à des instruments de l'âge de la pierre polie. M. Zawisza divise la période néolithique, en Pologne, en deux parties. Enfin il mentionne l'existence de plusieurs monuments mégalithiques en Pologne.

M. Joseph de Baye, de la Société des antiquaires de France,

répondant à la demande de plusieurs membres du Congrès, qui, à l'occasion de la découverte de douze cents flèches à tranchant transversal trouvées dans le Danemark, l'avaient prié de signaler celles qu'il avait découvertes dans la Marne, fait une communication au Congrès. Il expose d'abord que ces silex sont réellement des projectiles. Leur emploi ne laisse plus de doute après la découverte d'une vertèbre humaine, appartenant à un sujet dont toutes les pièces anatomiques conservaient encore leur position normale. La grotte qui contenait les ossements humains avait été fermée avec un soin raffiné et recouverte d'une couche épaisse de terre, de manière à ne laisser à la surface du sol aucun signe révélateur. M. de Baye signale plusieurs autres particularités très-significatives qui déterminent l'usage de la flèche à tranchant transversal. En outre, il démontre qu'elle était aussi un engin de chasse. Enfin, il se demande s'il n'y a point lieu de croire que ces flèches sont le premier type des projectiles employés.

DIXIÈME SÉANCE.

Présidence de M. Leemans.

M. Hans Hildebrand, secrétaire-général du Congrès, adresse les renseignements nécessaires pour guider les membres qui doivent se rendre à la réception royale qui doit avoir lieu le soir même à Drotningholm.

M. Chapelain-Duparc a exploré, avec M. Louis Lartet, la grotte du Ruty, à Sordes, sur les confins du Béarn et du pays Basque. Il expose devant le Congrès les résultats des recherches faites en collaboration avec M. Lartet. Une sépulture de la période paléolithique a été découverte. Elle renfermait un crâne humain et une partie notable du squelette. Elle contenait en outre un grand nombre de dents d'ours et des dents de lion, percées à leur extrémité. Ces dents, au nombre de cinquante-sept, étaient presque toutes ornées de sculptures, ou avaient été au moins gravées. Enfin, elle recélait aussi des silex d'une grande analogie avec ceux des cavernes de la Vézère dont elles rappellent le type. Deux foyers se trouvaient auprès de la sépulture. Ils étaient superposés. Des ossements brûlés de renne, de bœuf et de cheval y furent recueillis avec une quantité considérable de silex taillés.

Une sépulture de l'époque de la pierre polie a été également découverte. Les ossements recueillis autorisent à compter au moins trente sujets qui y avaient été déposés. L'industrie de la pierre s'y trouve représentée par des silex d'un travail qui accuse un soin et un art qu'on ne retrouve pas dans les pièces les plus admirées parmi les instruments les plus parfaits de la Scandinavie. M. Chapelain-Duparc a déposé des pièces provenant de cette sépulture au secrétariat du Congrès, où elles sont exposées.

Comme conclusion de ses observations, l'orateur refuse d'une manière absolue d'admettre un hiatus entre le foyer de l'âge du renne et la sépulture de l'âge de la pierre polie. Il tire encore une autre conclusion : c'est que le type humain représenté dans les deux sépultures est le même ; qu'il n'offre aucune variation et appartient à la même population.

M. le docteur Hamy a examiné les ossements humains recueillis dans la grotte du Ruty. Ces ossements se trouvaient à deux niveaux différents, comme on peut le conclure de la communication de M. Chapelain. M. le docteur Hamy résume ses observations devant le Congrès.

M. Dupont constate que la coutume des troglodytes, qui consistait à conserver les dents des animaux qu'ils avaient tués à la chasse, s'est perpétuée jusqu'à nos jours. Ces dents d'ours et de lion, recueillies dans la grotte du Ruty, sont représentées par des analogies contemporaines. Dans le Tyrol, lorsqu'un chasseur a tué un gros gibier, il prend la dent de l'animal tué et la porte comme un ornement. Cette coutume subsiste encore aussi en France et en Belgique.

L'hiatus, combattu par M. Cazalis, est affirmé par M. Dupont. L'orateur signale à l'attention du Congrès l'existence de deux groupes bien particularisés constitués par les tribus de l'époque quaternaire dans le nord de l'Europe. Un de ces groupes était composé par les troglodytes caractérisés par une industrie spéciale. L'autre était formé par les habitants des plaines qui créèrent, en progressant, l'industrie de la pierre polie. A cette époque, selon M. Dupont, l'homme n'habitait plus les cavernes, mais des positions défensives. Les cavernes étaient alors affectées aux sépultures et ne servaient plus d'habitation. Une des cavernes de cette époque a donné les crânes de Sclaigneaux. M. Wirchow, frappé de la forme spéciale de ces crânes, qui ont un développement considérable qui leur donne une apparence d'hydrocéphalie, les a considérés comme le type d'une race macrocéphale. M. Dupont regarde ces crânes comme ayant été déformés artificiellement de manière à revêtir les apparences de l'hydrocéphalie. Enfin, il termine en constatant qu'il s'est opéré un grand mouvement dans les populations à l'époque de la pierre polie.

M. Wirchow déclare qu'il n'a point parlé de crânes hydrocéphales, mais de crânes macrocéphales. Nous possédons une espèce macrocéphale, nous en avons acquis la certitude en pratiquant des autopsies. Il n'existe point de races hydrocéphaliques. M. Dupont attribue à la déformation les crânes dont il a été parlé. J'ai comparé les crânes de Sclaigneaux avec des crânes modernes de la population de Liége, et je reste convaincu que les crânes de Sclaigneaux ne sont pas déformés. Du reste cette déformation, opérée de haut en bas, dont parle M. Dupont, serait un fait nouveau. M. de Quatrefages m'a paru négliger un peu la variation qui peut résulter du progrès, et qui s'est réellement effectuée. Le mélange n'a pas tout fait. Il y a eu une réelle diversité de types, car la nature influe sur le développement physique d'une race. Il n'y a pas de fixité ni de permanence dans les races et les croisements ne sont pas les seules causes qui les font varier.

M. de Quatrefages déclare que bientôt l'entente s'établira entre lui et M. Wirchow. Ce dernier admet que la culture de l'esprit et l'influence du progrès contribuent à opérer des variations dans les formes. L'orateur est de son avis. Selon M. Wirchow, la race humaine descend de quelques types originaires. Moi, dit M. de Quatrefages, je crois qu'elle est sortie d'un couple unique. Peu de chose nous sépare donc. Les causes diverses, l'influence climatérique particulièrement, modifient les races et peuvent en faire naître de nouvelles. L'amaigrissement est général dans le nord de l'Amérique ; d'un autre côté, la culture intellectuelle fait évidemment développer la capacité du cerveau. M. Broca l'a démontré le premier. L'orateur en revendique l'honneur pour lui. Il y a donc des modifications qui s'opèrent sous l'influence de la culture de l'esprit. Il y aussi d'autres modifications qui surgissent brusquement. A côté de ces faits évidents, incontestables, il existe d'autres faits prouvant que les types restent permanents. Lorsque les conditions d'existence sont invariables, il ne se rencontre que des modifications tout à fait secondaires. Lors même que les variations sont essentielles, le type primitif se conserve et apparaît de nouveau par l'atavisme. Des faits nombreux attestent ainsi la persistance du type primitif. La race dont le crâne de Néanderthal est le type a été suivie par l'orateur à travers tous les âges et tous les pays, jusqu'en Australie.

M. Wirchow attribue la divergence d'opinion qui existe entre M. de Quatrefages et lui, à la différence de la méthode. Lorsque M. de Quatrefages est en présence d'une série de crânes, il est disposé à reconnaître l'atavisme dans les différences qu'il constate.

Les crânes d'Engis et de Néanderthal ne sont que des calottes, et il serait difficile de reconstituer la face et les parties qui manquent. Si, du reste, on pouvait atteindre ce résultat, la forme qui apparaîtrait ne serait peut-être pas telle qu'on se le figure maintenant.

Il ne faut pas considérer la microcéphalie comme le résultat de l'atavisme. M. Vogt est entré dans cette voie et il en a tiré une foule de conclusions. Ce n'est point par l'atavisme qu'il faut tout expliquer, il existe certainement des modifications soudaines et individuelles qu'il faut reconnaître. L'orateur déclare qu'il y a des races pathologiques qui peuvent se reproduire. Les microcéphales se retrouvent partout. Les crétins eux-mêmes se reproduisent pendant un certain temps ; les crétins ont été considérés comme formant une race spéciale ; mais cette manière de voir a été abandonnée.

M. de Quatrefages reconnaît que les observations de M. Wirchow seraient motivées si le crâne de Néanderthal était le seul type connu qui ait donné naissance à la race de Canstadt. Mais d'autres crânes plus complets ont été trouvés et examinés, particulièrement le crâne de Gibraltar, qui est beaucoup plus complet et pourvu de ses orbites et de l'os maxillaire. Le crâne de Néanderthal n'est pas du reste une simple calotte. Le haut de l'orbite subsiste encore. Sa longueur n'est pas le résultat d'un cas pathologique, mais un caractère propre à la race à laquelle il appartient. Le prognathisme n'est pas non plus le résultat d'un cas pathologique. L'orateur est loin de dédaigner les détails les plus minimes en apparence. Il s'efforce toujours de tenir compte des particularités caractéristiques même les moins importantes. A cette occasion il parle avec éloge des travaux si persévérants de M. Broca et de M. Topinard. Au sujet des microcéphales il ne peut admettre le système de M. Vogt, qu'il a du reste combattu au congrès de Copenhague. Les microcéphales sont des cas pathologiques qui n'ont pas un caractère de fixité et de permanence, puisque partout il a été constaté qu'ils ne se reproduisaient pas. Le système de M. Vogt reposant exclusivement sur l'examen des crânes, il a été facile d'obtenir des résultats tout différents par l'étude du squelette entier. Enfin, l'orateur termine en déclarant qu'il admet des cas pathologiques comme M. Wirchow et qu'il range les microcéphales dans cette catégorie.

M. von Düben entretient le Congrès de plusieurs questions d'anthropologie au point de vue suédois. Il entre dans des détails particuliers fort intéressants et mentionne des caractères anatomiques propres aux populations préhistoriques de la Suède.

M. le professeur Zittel signale des silex travaillés de l'époque paléolithique trouvés en Egypte. Dans un récent voyage dans le désert de Lybie il a recueilli une certaine quantité de silex ouvrés mélangés à des fragments nombreux qui avaient été produits par des causes naturelles. Ces silex, mélangés à ceux qui avaient éclaté au soleil, se rapportent à une époque fort reculée ; ils offrent des caractères d'une ressemblance frappante avec les silex observés en France dans les cavernes. M. Zittel a aussi trouvé des lames de silex dans le désert, à une distance considérable de l'oasis Dachel.

En terminant, l'orateur mentionnant les études de M. Desor et de plusieurs autres savants géologues, relatives au Sahara, expose le résultat de ses recherches personnelles au point de vue géologique, et affirme que les lieux stériles où ont été recueillis les silex, étaient à la fin de la période diluvienne couverts d'une végétation abondante. Il rappelle l'opinion des géologues qui pensent que le Sahara fut une mer à une époque reculée. De tous ces faits, il conclut que ces plaines, aujourd'hui désolées et inhabitables, furent en d'autres temps pourvues d'eau, couvertes de végétation et par conséquent peuplées et le théâtre d'une civilisation dont les silex travaillés sont les derniers témoins.

M. Desor pense que les silex soumis à l'examen du Congrès par M. Zittel ne sont pas tous travaillés. Mais il en est un bon nombre qui sont bien caractérisés. Il les compare ensuite avec les silex tertiaires de M. l'abbé Bourgeois qui manquent à ses yeux de retailles, tandis que ceux de M. Zittel sont évidemment travaillés. Il faut du reste apporter beaucoup de réserve dans la détermination de ces objets.

M. le docteur Hamy, fait observer à l'occasion des silex mentionnés par M. Zittel, qu'il y a une grande différence entre les silex éclatés sous l'influence des rayons solaires et les silex travaillés par l'homme. Il a lui-même rencontré avec M. Lenormant, dans les environs de Thèbes, des silex taillés qu'il considère comme les premiers qui aient été en usage en Egypte.

M. Engelhardt revient sur la question soulevée précédemment par M. Schaffausen au sujet de la bague dont il a entretenu le Congrès. Il démontre que les runes ne se retrouvent pas au-dela du Holstein et qu'elles n'ont point franchi la ligne qui divise ce dernier pays du Schleswig. Il n'existe point de runes en Allemagne. Après avoir décrit la région des runes, M. Engelhardt entretient le Congrès des régions où sont distribués les menhirs.

ONZIÈME SÉANCE.

M. Hildebrand père, président.

M. Joseph de Baye signale des traces qui attestent l'existence de l'âge du bronze en Champagne. Il a trouvé à Barbonne (Marne) des fragments de céramique qui offrent des traits évidents de ressemblance avec les poteries des cités lacustres décrites par M. Desor. Les fragments offrent neuf types particuliers. Huit d'entre eux sont ornés de dessins. Ces vases sont bien caractérisés et ne sauraient être confondus avec ceux de l'époque de la pierre polie qui se trouvent dans les mêmes régions.

Après avoir donné la description des ornements qui décorent les vases, il ajoute que les traits de ressemblance n'existent pas seulement avec les vases des cités lacustres, mais aussi avec les types bien connus du camp de Chassey et de Catenoy. Dans le voisinage de ces vases, il a été trouvé des ossements d'animaux brisés longitudinalement et un fragment de polissoir en grès très-fin. Les dessins des poteries les plus remarquables sont soumis à l'examen du Congrès.

M. Bellucci fait une communication relative à d'importantes découvertes archéologiques qui ont été faites dans l'Ombrie. Il mentionne l'existence de nombreux ateliers où se fabriquaient des instruments en pierre. Enfin il énumère les objets recueillis aussi dans des cavernes qui ont été explorées. M. Bellucci expose les résultats des analyses chimiques de plusieurs variétés de bronze de provenance italienne, qui établissent que les armes et les instruments des époques préhistoriques n'étaient jamais composés de cuivre pur.

M. Lorange lit un travail concernant l'âge du fer en Suède et en Norwège. Particulièrement dans le Nord, les faits manquent pour préciser le commencement de l'âge du fer.

M. Oppert démontre combien l'étude de la linguistique est importante pour traiter la question des populations primitives des différentes contrées. La linguistique, dit-il, est la sœur aînée de l'anthropologie et de l'archéologie préhistoriques. La linguistique n'a pas toujours occupé la place qui est due à son importance; néanmoins, il faut reconnaître également que son rôle a été souvent exagéré, particulièrement en Allemagne. Les conclusions tirées de la linguistique ont été évidemment forcées. Sans doute il faut admettre l'existence des langues indo-européennes. Est-on pour cela autorisé à conclure qu'il existe une race indo-européenne? nullement. Les invasions de populations orientales ont introduit dans le sein des populations de l'Europe des éléments asiatiques qui ont créé une famille de langues désignée sous le nom d'indo-européenne, à cause de son origine asiatique. Un exemple de ce fait se trouve chez les Espagnols, où la langue est désignée sous le nom de néo-latine, bien que les Espagnols descendent des Ibères et non pas des Romains. Ainsi dans la Scandinavie les langues particulières à cette région sont pénétrées d'éléments qui accusent une origine finnoise dont les caractères se sont conservés d'une manière permanente.

M. le docteur Landberg présente quelques observations relatives aux faits allégués par M. Oppert dans sa précédente communication et pose plusieurs questions destinées à compléter les renseignements déjà donnés.

M. Schaffhausen soumet à l'examen du Congrès une série de bijoux en ambre. Ces objets ont été découverts par M. le professeur Hausenwerth dans la Crimée, aux environs de Kersch. D'autres proviennent de Cumes.

M. Ernest Prarond, président de la société d'émulation d'Abbeville, trace l'historique des recherches opérées à Abbeville dans l'intérêt des études préhistoriques. Il fait connaître aussi la création d'un musée récemment établi pour y réunir les objets en silex recueillis dans les environs d'Abbeville.

M. Hans Hildebrand communique un travail rédigé par M. Aspelin, concernant l'âge du fer. Les formes propres au groupe Finno-Ongrien y sont particulièrement signalées.

M. Desor fait remarquer que les dessins présentés par M. Aspelin constituent la collection la plus riche et la plus parfaite jusqu'à ce jour. Cette série si complète lui fait exprimer le regret de n'avoir point vu les objets eux-mêmes.

M. Lerch, à cette occasion, informe le Congrès du projet de M. Aspelin qui doit publier, avec le concours de l'Université d'Helsingfors, un grand atlas des antiquités finlandaises.

M. Oppert, à l'occasion des demandes formulées par M. Landberg, dont il partage les opinions sur les principes qu'il a professés devant le Congrès, reconnaît qu'il ne peut donner présentement aucun renseignement sur les langues primitives.

Dans la soirée qui suivit cette séance, le Congrès s'est rendu au château Drotningholm, pour répondre à l'invitation que Sa Majesté Oscar II, roi de Suède, avait daigné lui adresser. Le voyage a été fort agréable et la réception magnifique. Tout le monde s'est retiré enchanté de la bienveillance du Roi et de la famille royale. Aussi les témoignages de la reconnaissance la plus enthousiaste se sont-ils chaleureusement produits ; et lorsque le lendemain, à la séance de clôture, le Roi vint accompagné de la Reine et de la Reine-mère, il fut facile aux augustes personnages de constater qu'ils régnaient dans tous les cœurs. On ne peut imaginer une ovation plus énergique ni plus spontanée.

Châlons, Imp. T. MARTIN.